항우처럼 일어나서
유방처럼 승리하라

항우처럼 일어나서 유방처럼 승리하라

이시야마 다카시 지음 · 이강희 옮김

사과나무

옮긴이 | 이강희
서울대학교 사범대학 행정대학원 졸업.
공군사관학교 교관, 생도전대 교육과장, 공군 교재창 편찬심의실장,
교육부 국제교육과장, 국제교육원 원장, 주일 한국대사관 수석교육관,
일본국 교토 한국중고등학교 교장 역임.
옮긴 책으로 〈삼국지 십팔사략에서 배우는 실패의 교훈〉
〈그늘속의 참모들〉 〈일본의 부자들〉
〈사무라이 인간경영〉 〈낭인정신〉 등이 있다.

항우처럼 일어나서 유방처럼 승리하라

1판 1쇄 인쇄 2012년 2월 10일
1판 1쇄 발행 2012년 2월 15일

지은이 이시야마 다카시
옮긴이 이강희
펴낸곳 사과나무
펴낸이 권정자
등록 1996년 9월 30일(제11-123)
주소 경기도 고양시 행신동 샘터마을 301-1208

전화 (031) 978-3436
팩스 (031) 978-2835
e-메일 bookpd@hanmail.net

값 13,000원

ISBN 978-89-87162-98-0 03320
*잘못 만들어진 책은 바꾸어드립니다.

〈초한지〉 속의 인물들과 명참모들에게서 승리의 전략을 배운다

사마천이 저술한 〈사기〉는 인물 중심으로 엮어진 기전체(紀傳體)의 역사서이다. 때문에 〈사기〉를 단순하게 '초패왕 항우(項羽)와 한왕 유방(劉邦) 사이의 전투'를 중심으로 이해하려는 경향이 있다. '항우와 유방'이라는 역사의 라이벌 관계로만 보려는 것이다.

그러나 〈초한지〉에 등장하는 두 영웅의 생사관, 참모관, 인생관 등을 찬찬히 살펴보면 현대의 경영에서 중요한 교훈으로 삼아야 할 '참모의 중요성'을 발견할 수 있다.

항우는 70여 차례의 전투에서 단 한번도 지지 않는 불패의 명장이었다. 반면 유방은 전투마다 패한 도망의 달인이었다. 이처럼 약체였던 유방이 최후의 일전에서 승리를 거둠으로써 천하를 얻게 된 그 배경에는 이른바 '3걸'이라 불리는 세 사람의 참모의 역할이 절대적이었다. 전체적인 전략은 장량이 짜고 총사령관은 한신이 맡고 후방의 보급과 병참 일체는 소하가 맡는 멋진 팀플레이가 있었기에 유방의 천하제패가 가능했던 것이다.

또 유방의 승리와 관련하여 사가들은 "참모 가운데서도 선봉장이었던 한신과 군 작전을 지휘한 장량의 헌책"에서 천하통일의 모티브를 찾으려고 한다. 음지에서 '행정과 병참으로 조력을 한 소하의 역할'은 그만큼 간과되었던 것이다.

한제국 성립 후, 논공행상을 할 때 많은 공신들이 "소하는 목숨을 걸고 전투를 한 적도 없이 후방에서 빈둥빈둥 글이나 쓰고 있었는데 일등공신은 부당하다"고 논하자 유방은 이들에게 "그동안 숱한 패전에도 불구하고 단 한 번의 승리로 천하를 차지할 수 있었던 것은 후방에서 군사와 식량을 조달해준 소하의 공이 가장 크다"고 하여 1등 공신으로 하였다.

소하는 역사상 최고의 행정의 달인이었다. 막강한 실권을 가지고 있었으면서도 욕심이 없었고, 윗사람이나 아랫사람에게 신뢰와 존경을 받는 청렴한 관리의 표본이었다. 유방은 소하에게 모든 것을 맡겼다. 사적인 세력을 만들지 않고 사리사욕을 챙기지 않는 그의 성품을 믿었기 때문이었다.

'승리만이 최선'이라는 전장에서 가장 간과하기 쉬운 행정과 보급을 유방은 최우선시한 것이다. 이런 유방의 '천하경영'은 지금 같은 글로벌 경쟁시대에서 "문민 통제하 정부의 관료주의는 물론, 기업의 관료주의에서도 절대로 간과해서는 안 되는 핵심"이라고 할 수 있다.

유방은 소하에게 "칼을 차는 것, 신발을 신고 어전에 오르는 것, 조정에서 빠른 걸음을 걷지 않아도 되는 특권"을 부여했다. 반면 한신은 역모 혐의를 쓰고 "토사구팽(兎死狗烹)"이라는 명언을 남기고 죽임을 당해야 했다.

"나이 들어서까지 너무 영화를 누리면 하늘에 슬퍼하라"고 했던 소하의 말은 노탐(老貪)을 경계하는 명언이라고 하지 않을 수 없다

특히 진정한 참모가 요구되고 있는 이 시대는 "야망을 가졌던 한신"에 비해 "일체의 야망조차 가지지 않고 참모 역할에만 정진한 소하의 모습에서 진정한 참모상(參謀像)을 투영해보는 지혜"가 필요한 때이다.

| 차례 |

3장_ 천하명장 한신

4장_ 죽기를 각오해야 산다

5장_ 항우의 참모들

6장_ 천하를 얻는 자의 조건

7장_ 비운의 장군 항우

8장_ 유방, 천하를 손에 넣다

9장_ 한신 · 장량 · 소하의 최후

項羽劉邦

1. 난세의 영웅들

"인간이 뜻을 크게 가지면 천운도 얻고,
나라〔邦〕를 일으킬 수도 있으리라."

—노역에 징발된 유방이 진시황의 순행 행렬을 보며 했던 말

유방의 1급 참모들–한신 · 장량 · 소하

옛날부터 힘에 센 사람을 비유하여 "항우 장사 같다"고 했다. 2천 년 전 한(漢)나라와의 결전에서 패한 초패왕 항우(項羽)의 초인적인 힘을 힘센 사람의 대명사로 불러왔던 것이다.

〈사기〉에 의하면 항우의 힘은 가히 특출난 것이었던 모양이다. 그것은 항우 자신의 시에도 나타나 있다.

힘은 산을 뽑고 기운은 세상을 덮었건만(力拔山 氣蓋世)
때는 불리하고, 추여! 너마저 가지 않는구나(時不利 騅不逝)
추여! 네가 가려 하지 아니하니 어찌하면 좋은가(騅不逝 可奈何)
우여! 우여! 너를 또 어찌하리(虞兮虞兮 奈若何)

이 시는 항우가 해하(垓下)에서 유방(劉邦)의 포위망을 뚫고 도망갈 때 사랑하는 여인 우희(虞姬)와 헤어지면서 읊은 처절한 시이다. 항우는 그후 오강(烏江)에서 자살을 했다.

그러나 이처럼 힘이 세고 무예에 뛰어났으며 전통있는 장군의 후예로서 유리한 조건을 고루 갖추었던 젊은 항우는 자기보다 20세나 많고 모든 면에서 뒤떨어졌던 유방에게 멸망당하고 말았다.

유방은 항우에 비하여 보잘것없는 사람이었다. 항우가 명문 귀족 출신인데 비해 유방은 한낱 이름없는 빈농의 자식이었다. 항우가 숙부 항량의 도움을 받으며 장수로 성장한 반면 유방은 집이 가난하여 무예 공부는커녕 제대로 먹지도 못하는 가난한 어린 시절을 보냈다.

진(秦)에 반기를 들 때도 항우는 항량 휘하에서 화려하게 등장하여 수많은 군대를 거느리고 있었지만, 유방은 패현(沛縣)의 최말단 관리로 있다가 도망하여 고작 수백 명을 거느린 도둑떼의 두목에 불과했다.

중국 역사상 가장 가난한 평민 출신이 제왕에 오른 것은 유방과 명나라 태조 주원장(朱元璋)뿐이었다.

유방은 어떻게 해서 천하를 평정할 수 있었을까. 어떤 방법으로 막강한 강적 항우를 물리치고 한(漢)제국을 세울 수 있었을까. 가문도 별볼일없고, 돈도 없고, 학식과 지식도 부족했던 그가 어떻게 떠돌이 평민에서 중국 최대의 제국 황제에 오를 수 있었을까.

그것은 강함과 부드러움을 함께 갖춘 그의 성품과 탁월한 참모

용병술 때문이라고 할 수 있다.

항우가 어릴 적부터 자기 마음대로 고집스럽게 자라 직선적이고 독단적인 장수였던 데 비하여 유방은 하류 인생을 살아왔기 때문에 매사에 신중하고 남의 말에 귀를 기울이는 성품이었다.

유방에게는 자연스레 유능한 참모들이 많이 모여들었다. 유방은 모여드는 참모들을 유용하게 기용하여 재능을 발휘할 수 있게 해주었다. 수많은 전투에서 위기를 극복해주고 항우를 멸망시키는데 결정적인 역할을 해준 장량(張良), 한신(韓信), 소하(蕭何)가 바로 유방의 1급 참모들이었다.

반면 항우는 참모의 말을 듣지 않는 유아독존형이었다. 그의 독선적인 성품은 천하의 명장 한신의 재능을 알아보지 못하고 냉대함으로써 유방에게로 도망가게 하는 실수를 범했다. 그리고 범증(范增)과 같은 유능한 참모를 죽이는 중대한 과오를 범함으로써 결국 패망의 길을 재촉하고 만 것이다.

유방과 항우의 대결은 참모들을 거느린 일종의 조직력 싸움이라고 할 수가 있다.

조직력을 전혀 발휘하지 못한 항우에 비해 유방은 행정참모 소하, 작전참모 장량, 천재적인 무장 한신, 선봉대장 번쾌(樊噲) 등 수많은 인재를 수하에 두고 절묘한 팀 플레이를 연출했다.

참모들을 경쟁시키고 서로 이해하게 하면서도 하나의 목적을 향해 종횡으로 협조하게 할 수 있었던 유방의 리더십이야말로 그에게 천하를 가져다준 가장 큰 이유였다.

유방의 절묘한 조직력과 참모학은 현대 기업의 조직 운영에도 귀중한 교훈이 된다.

왕후장상의 씨가 따로 있을소냐

유방이 진(秦)에 이어 중국을 다시 통일하고 한(漢)을 세워 4백여 년이나 지속시킨 것은 중국 역사상 특별한 의미를 갖는다.

한나라 이전에 중국 대륙을 처음 통일한 사람은 진왕 정(政)이었다. 그는 통일의 위업을 달성한 뒤 시황제라고 칭하고 엄격한 법치주의에 의한 중앙집권제도를 강행했다. 그러나 진제국은 불과 15년만에 유방에게 항복함으로써 멸망하고 만다. 진황 3세의 항복을 받은 지 5년만에 유방은 한의 황제가 되어 진의 판도와 비슷한 거대한 제국을 건설했다.

5백년 가까이 군웅이 할거하던 중국을 통일하여 거대한 제국을 건설했던 진은 왜 이처럼 단명했던 것일까.

만리장성 등 대토목공사로 인한 재정난으로 백성들에게 세금과 노역을 강요했고, 강력한 법치주의로 백성들을 억압했으며, 환관 조고의 전횡으로 정치가 바르게 운용되지 못한 것이 그 원인이었다. 융통성 없는 엄격한 법치주의는 수많은 선량한 백성을 죄인으로 만들고 무고한 사람들이 벌을 받고 죽어갔다.

진에 최초로 반기를 든 사람이 진승(陳勝)이었다. 비천한 농민 출신인 진승은 북방을 수비할 병사들의 인솔을 맡았다. 그런데 현지로 가던 중 큰비를 만나 지정된 날까지 목적지에 도착하지 못하게 되었다. 지정된 날까지 도착하지 못하면 이유가 어떻든 무조건 사형에 처하게 되어 있었다.

진승은 이제 죽은 목숨이 되었다. 한번 죽을 목숨이라면 남자답게 큰일을 해보자는 결심을 하고 친구 오광(五廣)과 인솔하던 군사들을 선동하여 반란을 일으켰다. 이때 내세웠던 말이 "왕후장상(王侯將相)의 씨가 따로 있을소냐."라는 구호였다. 불만에 가득찼던 각지의 농민들이 가담하며 세력을 넓혀갔지만 결국 6개월만에 진나라 군사들에 의해 진압되고 진승은 부하들에게 살해되었다.

유방 역시 진승과 비슷한 처지에서 반기를 들었다. 냉엄한 형벌제도 때문에 유방 역시 명분없는 진의 죄인이 되었고 무서운 형벌로부터 자신을 보호하기 위하여 반기를 들게 되는 것이다.

패현의 건달 유방

유방은 지금의 서주(徐州) 서북방 패현(沛縣) 중양리(中陽里)라는 곳에서 빈농의 아들로 태어났다. 유방이 태어난 다음해, 진시황이 된 정(政)이 진의 왕위에 올랐다.

유방은 원래 농사일에는 흥미가 없었다. 술을 좋아하고 사람 사귀기를 좋아했고 의협심이 강했다. 아버지와 형들은 유방을 건달로 취급했다. 마을 사람들도 마찬가지였다. 그러나 술자리에 앉으면 "나는 용의 아들이다"라며 큰소리를 쳤다. 딱히 생업이 없는 건달이라 1년 중 대부분은 무일푼이었다. 그래도 술을 마시지 않을 수 없었다.

패의 거리에는 왕씨 노파와 무씨 노파의 술집이 있었는데, 유방은 늘 한푼도 없이 취하도록 마셨다. 술값은 대체로 연말 결산인데 빈말이라도 술값을 지불하겠다는 말을 하지 않았다.

왕씨와 무씨 노파는 처음엔 유방을 달가워하지 않았지만 차츰 묘하게 채산이 맞는다는 사실을 깨달았다. 유방이 술집에 오면 어디선가 사람들이 모여들어 매상을 올려주는 것이었다.

유방은 이렇다 할 지식이나 정보를 들려주는 것도 아니고 말재주가 있는 것도 아니었다. 그저 뜨물 같은 양조주를 사정없이 들이킬 뿐이었다. 그런데도 사람들은 그의 곁으로 모여들었다. 술을 한잔씩 들고 그 곁에 앉아 얘기를 나누다가 술이 떨어지면 또 한잔 사들고 온다. 유방이 있으면 술자리는 늘 화기애애했다.

유방이 볼일이 있어 술집에 나타나지 않으면 술집이 썰렁해지고, 그가 돌아오면 어떻게 알았는지 사람들이 하나둘 모여들어 그를 상석에 앉히고 술을 마셨다.

유방은 예의라곤 모르는 사람이었다. 술에 취하면 길게 늘어져 자고 아무에게나 욕을 퍼부었다. 하지만 욕을 먹는 사람은 자존심을 다치지 않고 그냥 웃어넘겼다. 유방의 천진한 표정과 애교있는 어투 때문이었다.

술에 곯아떨어져 있는 유방의 모습은 한 마리 용을 연상케 했다. 짙은 눈썹 밑의 뼈가 불룩 솟아 있고 코는 더 높다. 거기다가 길고 멋진 수염이 늘어져 있다. 가난한 농부의 아들답지 않은 훌륭한 풍모가 그의 유일한 재산이었다.

유방이 패에 나타나면 그를 좋아하는 젊은이들이 주위로 모여들었다. 그중 개고기 장수 번쾌(樊噲)는 유방의 경호원을 자처했다. 번쾌는 거인인데다가 우직한 성격이었다. 게다가 유방을 위해서라면 목숨도 아끼지 않는 사내였다.

"형님에게 손을 대는 놈은 내가 갈가리 찢어죽이고 말겠다."라고 말하고 다녔다. 유방 일행이 거리를 걸으면 어디를 가느냐며 사방에서 사람들이 합세한다. 그리하여 유방은 무일푼의 백수 신분으로 패의 거리에서 상당한 세력을 형성하게 되었다.

깨끗한 관리의 표상 소하

소하는 노나라가 멸망하던 해, 노의 옛 영토였던 패읍(沛邑)에서 태어났다.

패읍에는 여러 줄기의 맑은 물이 흐르고 있었다. 그 주류를 이루는 패수(沛水)의 물줄기는 태산에서 흘러나왔고, 들국화가 군락을 이루어 피어 있는 산골짜기가 있어 그 물줄기를 모두 국수(菊水)라고 일컬었다. 소하는 그 국수가 흐르는 풍요 속에서 자랐다.

소하가 태어났을 때는 패읍의 땅 전체를 초나라 관리가 혹독하게 다스리고 있었다. 소하의 부모가 고생해서 농사지은 논의 벼는 그들에 의해 모두 징수당하고 그 대가로 약간의 수수가 주어졌을 뿐이었다.

말라서 젖도 안 나오는 어머니는 멀건 수수죽에 물을 섞어 먹이며 소하를 길렀다. 어머니는 겨우 기어다닐 수 있게 된 소하를 보고 "이 아이를 어찌 하면 좋단 말인가."라고 탄식했다.

소하의 아버지도 열심히 밭에 나가 일했지만 희망이 없었다.

"초나라 사람들이 다스리고 있는 이 땅에서 더 이상 어찌 할 수가 없다. 그렇다고 다른 곳으로 이주할 수도 없다. 세상에 태어난 이 아이를 기르지 못하면 하늘을 거역하는 것이다. 소나 말도 풀을 먹고 자라고 뼈도 굵어진다. 하물며 인간인 우리가 어찌 기르지 못한단 말인가. 풀을 먹여서라도 길러야 한다."

소하에게는 다섯 명의 형들이 있었다. 위의 세 형은 어린 나이에 패읍의 관아에 종으로 들어가 잡역에 종사하고 있었다. 그러고는 일당으로 지급된 수수 한 되로 가난한 일가는 겨우 목숨을 이어갈 수 있었다.

소하의 집안은 유복한 친척도 없이 빈곤했기 때문에 단가(單家, 가난하고 세력이 없는 집)라고 불리웠다. 소하 역시 많은 다른 단가의 아이들과 마찬가지로 12세가 되자 관아에 종으로 들어갔다.

그런 소하를 보고 아버지는 한탄을 했다.

"너는 하늘에 버림받은 불운아다. 가엾게도 태어나서부터 배부르게 먹어본 적이 없다. 전에는 돌아가신 노왕 경공께서 우리들 단가에게도 쌀밥을 먹을 수 있도록 배려를 해주셨다. 그런데 지금은 쌀 한톨도 손에 넣을 수가 없다. 너는 쌀죽도 마셔본 적이 없는 가엾은 아이다. 설상가상으로 올해 들어 초왕도 급사하고 지금의 유왕(幽王)은 패악하여 네가 받을 일당도 줄어서 수수 다섯 홉이 되어버렸다."

이런 아버지의 한탄을 들으면서 5년이 지났다. 17세가 된 소하는 관아의 부고(府庫)에서 서적을 관리하는 말단 관직에 등용되어 일당으로 수수 2되를 받게 되었다.

그에게 맡겨진 일은 서적의 관리 업무였다. 책을 햇볕에 쬐어 좀벌레를 털어내고 밑에 쌓아둔 책이 상하지 않도록 통풍을 시켜주고 쥐가 갉아먹지 못하도록 하는 일이었다.

글자를 읽지 못했던 소하는 윗사람에게 부탁해 가끔 문자를 배웠다. 명석한 두뇌와 배우려는 강한 의지와 노력하는 태도에 상사도 감탄했다.

가르쳐준 문자는 단번에 꼭 외우고 결코 잊어버리는 법이 없었다. 덕분에 소하는 1년도 채 되지 않아 서고의 책을 거의 다 읽을 수 있게 되었다.

상사는 소하의 일에 대한 열정과 서책의 관리가 잘되고 있음을 보고 감탄하여 혀를 내둘렀다.

늦은 가을 어느 날, 소하는 항상 보고 있던 들국화 꽃머리에 벌레 한 마리도 꾀어들지 않는 것을 깨달았다. 이것을 꺾어서 햇볕에 말린 다음 돌절구에 갈아 꽃가루를 책에 뿌려 주자, 책 속에 숨어 있던 은백색의 벌레가 굼실굼실 기어나와 땅에 떨어져 모두 죽어버렸다. 이 들국화 꽃가루를 쓰면서부터 책에 꾀어드는 벌레는 모조리 없어졌다.

소하는 자신의 낡은 옷에도 들국화 꽃가루를 뿌려보았다. 그러자 여러 마리의 벼룩이 튀어나와 모두 죽어버렸다. 속옷을 벗어서 털자 이가 오그라든 채로 뚝뚝 떨어졌다.

소하는 작은 천 주머니에 들국화 꽃가루를 가득 채워 가지고 다녔기에 그 효과는 관아 안에 퍼져나갔다.

패읍의 행정관인 초나라 사람이 소하의 총명함을 알고 술 빚는 관리로 발탁해 국화주로 독한 술을 만들도록 연구를 시키려고 했다. 초나라의 술이 독주인데 비해 노나라의 술은 은은한 국화주여서 초나라 관리들은 고향의 독주가 그리웠던 것이다.

그러나 소하는 이를 마다하고 부고에 남았다. 행정관은 그 대신 소하의 계급을 높여 하사(下士)로 등용했다. 19세 때이다.

소하가 관리하고 있는 서책은 필사본이었는데 그는 이 필사본 중에서 읽고 싶은 고전을 찾아내어 독서에 힘썼다.

소하는 문자를 배우고 나서 학문 탐구의 뜻을 굳게 품고 "무지야말로 나의 적이다"라는 신조로 하루를 거의 독서로 보냈다. 특히 관중(管仲)이 지은 〈관자목민〉은 그를 매료시켰다. 관중의 저서는 약 400년 전의 기록이었다.

관중은 춘추시대의 제(齊)나라의 환공(桓公)을 섬기면서 백성의 생활안정을 식량에 바탕을 두고 부국강병책을 취한 인물이다. 이것을 성공시켜 조직관리를 강화하였고, 환공을 춘추시대 최초의 패자(覇者)로 만들었다.

"곳간이 가득 차야 예절을 알고, 의식이 족해야 명예와 부끄러움을 안다"라는 목민편의 한 귀절은 소하의 머릿속에서 항상 지워지지 않고 강하게 남게 되었다.

'관중 선생은 훌륭한 분이시다. 인간의 생명을 가장 존중하며 나아가 어리석은 백성이 아닌 예의바른 양민으로 만들었고, 그 양민은 명예와 부끄러움을 명확히 분별하게 됐고, 긍지를 갖게 되었기 때문에 마침내 제의 환공을 첫번째 패자로 오르게 했다.'

유방과 소하의 만남

진나라 중앙에서 파견된 관리 이유(李由)는 소하의 뛰어난 재능을 인정해 패읍의 주리(主吏, 행정관)로 등용했다. 소하가 26세 때의 일이다.

진에서 파견된 태수는 황제의 칙령을 엄하게 다스려야 한다는 지시를 실행하여 각 현과 각 읍, 촌과 리에 이르기까지 행정을 철저히 할 것을 최우선으로 삼고 있었다.

소하가 살고 있는 패현에도 부랑자 소탕령이 내려왔다. 현령의 지시로 촌리의 하급 관리까지도 부랑자 색출에 나섰다. 이때 소하의 형들 5명도 이 부랑자 소탕령에 걸려 10리 떨어진 서쪽 매리(昧里)라는 시골에 잡혀 있다는 소식이 들려왔다.

소하는 패현의 현령과는 가깝게 지내고 있던 터라 특별 사면장을 다섯 장 발부받아 관용 마차 2개를 챙겨 매리로 향했다. 매리는 패현 관할이었기 때문에 이장은 낯익은 소하가 마차를 2대나 끌고 온 것에 놀랐다.

"당신의 가족이시라면 굳이 거창하게 특별 사면증을 지참하지 않으셔도 되는 건데……."

"아니오. 저의 형들은 1장만으로 5인분의 특별사면으로 하고, 같은 고향 사람인 유(劉), 서(徐), 계(計), 번(樊) 네 사람도 방면해 주셨으면 합니다."라고 소하가 대답했다.

소하는 아홉 명을 데리고 패읍으로 돌아왔다. 이것은 당초부터 소하가 계획했던 일이었다.

생각지도 않은 사면으로 기뻐한 사람은 같은 고향 사람들이었다. 그 중의 한 사람인 유는 생각했다.

'나보다 두 살 연상이지만 소하는 나와 같은 단가 출신이면서도 지금은 현청의 관리이다. 이번은 다행히 그의 덕분에 구제되었다. 앞으로도 무슨 일이든 도움을 받았으면 좋겠다.'

또 다른 사람인 서는 '이것으로 노예가 되지 않고 끝났다. 소하는 28세로 나보다는 한 살 밑일 거야. 어릴 적부터 머리가 좋았기에 현의 관리가 될 수 있었겠지. 지금은 좁쌀 1홉 구하기도 쉽지 않다. 앞으로도 소하를 의지해 어떻게든 관청의 잡역이라도 됐으면 좋겠

는데…….'

계와 번도 소하를 의지하는 것이 상책이라고 비슷한 생각들을 하고 있었다.

그들은 소하의 형들에게 말을 꺼냈다.

"이번에 여러분의 아우에게 대단한 신세를 졌습니다. 이것을 인연이라면 좀 어폐가 있겠지만 잡일이라도 거들어서 소하님에게 우리가 입은 은혜를 갚고 싶습니다. 요즘 관청도 바쁜 모양인데 잡일이라도 좋으니 써주실 수 없으신지 여러분들의 도움을 얻고자 합니다."

그런데 의외로 소하의 다섯 형들은 흔쾌히 받아들였다.

"우리도 아우의 신세를 져서 관청에서 할 만한 일이 없을까 찾으려던 참이었소. 좋습니다. 지금부터 모두 함께 가볼까요."

현청에서 큰형이 소하에게 부탁했다.

"이번에 네 덕분에 구제되었다. 우리 다섯 사람은 일자리를 찾으러 돌아다녔지만 허사였다. 각지를 돌아 헤맸지만 역시 태어난 고향이 제일 살기 편하겠거니 생각하고 되돌아오는 도중에 붙들려버린 것이다. 네가 어렸을 적엔 식량난으로 어려움을 겪었는데 지금도 역시 생활이 힘들구나. 여기 네 사람도 마찬가지야. 어렵게 지낸단다. 특별사면으로 구제해 주었듯이 어떻게든 아홉 명 모두가 관청에서 일할 수 있도록 힘 좀 써줄 수 없겠느냐."

"저도 언젠가는 형들이 찾아오시리라 생각하고 있었습니다. 지금은 진의 시세도 여러 가지 바쁜 일이 많이 미칠 손이 필요한 형편입니다. 일당은 쌀이라면 1되, 조로는 1되 5홉인데 그만하면 되겠습니까?"

고용이 결정된 9명의 일은 관청 소관의 밭의 관리, 외양간, 마구간, 돼지우리는 물론 닭집 비둘기집까지 청소하고 관리하는 허드렛일이었다.

소하의 형들은 전에 관청에서 일한 적이 있었으므로 사정에도 밝고 부지런히 일했다.

하지만 유가 등 네 명은 게으름만 피우다 점심때가 되면 청에서 지급하는 쌀밥만을 기다리고 있었다. 식사 때면 저마다 멋대로 떠들며 오로지 먹는 데만 열중했다.

"관청은 넓어서 손이 미치지 않는다. 해도 해도 일이 끝이 없다. 낮잠 후엔 남쪽 뜰의 풀이라도 뜯어볼까."

"아니야, 거긴 너무 넓어 도저히 우리 네 사람 손으로는 감당할 수 없어. 오히려 저대로 그냥 두면 얼마나 사람 손이 모자라는가를 관리들이 알게 될 거야."

"열심히 일하고 있는 소하네 형제들 가까이서 그냥 움직이는 척하고 있으면 돼. 누가 봐도 우리가 한 일일 거라고 봐주겠지. 만사 요령있게 하는 게 제일이야."

이러면서 하는 척 시늉만 하고 있었다.

유는 전혀 엉뚱한 생각을 하고 있었다.

'내 성은 유(劉)가다. 단가여서 가문은 좋지 않지만 성이 좋다. 유란 격하게 빼앗는다는 뜻이 아닌가. 어차피 똑같은 빼앗는 것이라면 경우에 따라서는 사람을 죽여서라도 탈취할 만큼 큰 것이라야 한다. 벌써 관청에서 일한 지 5일이 지났다. 일당으로 조 한 되 5홉 그까짓 것 받아봤자 별소용도 안돼.'

문득 옆을 보니 낡은 새끼줄이 떨어져 있었다. 유는 엉겁결에 '이것이다.'라며 무릎을 쳤다.

현청에서 집으로 돌아올 때 유를 선두로 네 사람은 큰 돼지 네 마리의 목에 새끼를 감아서 "쉿! 쉬!"하며 매로 돼지 엉덩이를 때리며 몰고 갔다. 이것을 의심하는 사람은 아무도 없었다. 네 사람이 돼지를 다른 데로 옮기고 있겠거니 그냥 보고 있었다.

그들 중 유는 유방, 번은 번쾌였다.

시도하지 않으면 얻을 수 없다

그즈음 패의 현령 집에는 여공(呂公)이라는 세력가가 머물고 있었다. 여공은 많은 전답을 소유한 재산가였는데 어떤 사람의 원한을 사서 가족을 거느리고 패로 도망쳐왔다. 여공과 친분이 있던 현령은 현령의 저택에 살게 해주었다.

"현령 저택에 대단한 세력가가 왔다."는 소문이 널리 퍼졌다.

현령은 여공과 교유하고 싶은 사람은 누구든 와도 좋다고 날짜를 잡아 잔치를 벌였다.

그럴 경우 초대받은 사람은 선물을 가져와야 하는데 대체로 돈을 내놓는 것이 관례였다. 그날 연회의 실무를 맡은 사람은 소하였다. 밀려든 손님은 예상을 훨씬 뛰어넘어, 저택 안에 다 앉을 수가 없었다. 할수없이 마당에 멍석이 깔리고 술항아리가 놓여졌다.

소하는 "1000전 이하의 선물을 가지고 온 사람은 당 아래로 내려가 주시오."하며 장내 정리를 했다.

집 안이나 뜰에나 사람들로 북적였다. 소하는 연회장을 돌아보며 한숨을 돌렸다. 1000전 이상을 헌납할 수 있는 사람은 패에서 그리 많지 않다.

바로 그때 문 안으로 들어서는 유방의 모습을 보고 소하는 넌덜머리를 쳤다.

유방은 당당히 소하 앞으로 오더니 일종의 명함인 목간(木簡)을 내밀었다. 거기에는 헌납할 액수가 적혀 있었다.

'유방, 1만전.'

소하는 어이가 없었지만 그것을 여공에게 전하는 것이 그의 임무였다.

소하는 여공에게 다가가 목간을 전했다. 여공은 적힌 액수를 보고 깜짝 놀라 뛰어내려왔다. 1만전이라는 막대한 돈을 가지고 온 인물인만큼 손수 안으로 안내해야 하는 것이 예의다. 소하가 따라와서 여공의 소매를 이끌며 낮게 말했다.

"저자는 원래 허풍쟁이입니다."

여공의 입장에서는 1만전이란 거액을 적었다는 것은 그만큼 자신과 교제하고 싶다는 욕망을 가졌으므로 상대를 함부로 대할 수는 없었다.

자신의 옆자리에 유방을 앉히고 그의 얼굴을 바라보던 여공은 흠칫 놀랐다.

"대단한 관상을 가졌소이다."

거듭 거듭 유방의 관상에 감탄을 연발하며 여공은 흥분을 감추지 못했다.

연회가 끝나고 여공은 유방을 자신이 기거하는 별실로 안내하고 부인과 딸을 불렀다. 아직 앳된 보이는 딸을 가리키며 여공이 유방에게 말했다.

"내 딸인데 어떠신지요?"

아내로 삼아달라는 말이었다. 여공의 아내는 비명을 질렀다.

"당신, 평소 우리 딸을 천하의 귀인에게 시집을 보내야 한다고 하셨잖아요!"

"그 귀인이 눈앞에 있다오."

그 순진하고 탱탱한 볼을 가진 여공의 딸이 훗날 잔인함으로 이름을 떨치는 여태후(呂太后)였다.

유방은 여공의 딸을 아내로 맞이했지만 딱히 생계 수단이 없던 그로서는 그녀를 중양리의 부모에게 보내야 했다. 그녀는 힘든 농사일을 열심히 도왔다.

그후로도 유방은 변한 것이 없었다. 여전히 패의 거리를 어슬렁거리며 술집에서 거나하게 술에 취해 쓰러져 자곤 했다.

행정의 중심인 패현에는 상인, 노름꾼, 도적 등 온갖 사람들이 몰려들었다. 유방은 패현 거리를 돌아다니는 것을 좋아했다. 거기에는 정치가 존재하고 있었기 때문이다.

유방은 빨간 기둥 사이로 현청 안을 제집 드나들 듯이 했다. 대부분 현지 채용인 관리들은 누구도 유방을 막으려 하지 않았다.

어쩌다 현령을 보곤 하지만 유방의 눈에는 대수롭지 않게 보였다. 매일 집무를 보는 것 같지도 않고 소하나 조참 등의 관리에게 일을 맡겨두고 빈둥거리는 것처럼 보였다.

'저런 놈이 현령이라면 나라고 못할 것도 없지. 소하와 같은 능력 있는 관리를 부리면 간단하지 않은가.'

유방이 멋대로 굴어도 아무도 제지하는 사람이 없었다.

"저놈은 상대하지 마. 깡패와 도적들을 거느리고 있어."

관리들은 그를 멀리했다. 잘못 건드렸다가는 그를 호위하고 다니는 무리들에게 어떤 보복을 당할지 모른다고 생각했다.

소하도 현청의 관리 중의 하나였지만 여느 관리와는 달랐다. 그는 유방을 친구로 생각하고 있었다. 사소한 사건으로 유방에게 수배령이 떨어졌을 때 유방에게 알려 피하라고 했다.

"도망치고 싶지 않아."

말은 이렇게 하면서도 유방의 속마음은 빨리 도망치고 싶었다. 그러면 소하는 그를 달랬다. 그래야 자신들도 편하다며 다시 한번

권했다. 그러면 유방은 "그렇게 부탁하니 그러지 뭐."하며 고개를 끄덕였다.

유방은 먼 훗날 한제국을 세운 뒤 승상이 된 소하에게 입버릇처럼 말하곤 했다.

"그때 나를 버리지 않은 것은 너뿐이었어."

패의 거리를 방황하던 그 시절이 유방에게는 가장 암울한 시절이었다. 그 시절에 유방이 저지른 죄는 대단한 것도 아니었다. 절도 정도였다.

한낱 건달인 유방이 현청의 관리인 소하를 "내 졸개다"라고 말하고 다녔지만 소하는 개의치 않았다. 그의 눈에는 유방이 그저 자기 환상에 빠진 협객 정도로만 보였다. 한편으로는 유방에게 의외로 다른 면이 있을지도 모른다는 막연한 생각이 들기도 했다. 그러면서도 유방이란 사내는 결코 미워할 수 없는 사람이라고 생각했다. 그에게서는 어딘지 모르게 천진함 같은 것이 있어서 겉으로 드러나는 무례함이나 부덕함을 덮어주고 있는 것이다.

패현 사람들은 한결같이 소하를 칭찬했다.

"소하는 모든 관리의 귀감이다."

너무도 성실해서 관청에서 소하만 있으면 걱정 없다는 인식이 널리 퍼졌다. 그런 소하가 별볼일없는 유방을 지나치다 싶을 만큼 감싸주는 바람에 동년배지만 형님으로 모시는 것처럼 보였다. 그것이 유방의 가치를 더욱 높여 주었다.

소하의 단순한 호의가 언제부터인가 유방을 적극적으로 지지하는 행동으로 바뀌어가고 있었다. 소하가 그런 생각을 굳힌 데는 하후영(夏侯嬰) 사건이 계기가 되었다.

현청 마구간의 잡역부인 하후영은 "형님, 형님."하면서 유방의 뒤를 졸졸 따라다녔다. 소하는 하후영에게 왜 그렇게 따라다니냐고 물었다.

"내가 없으면 유 형님은 아무것도 못하는 꼭두각시가 되어 버립니다."

그 순간 소하는 유방의 인간미를 깨닫고 그를 다시 보게 되었다.

유방은 심심하면 현청에 놀러 왔는데 그러면 하후영은 하던 일도 팽개치고 그와 어울려 놀았다. 어느날 유방이 장난으로 칼을 뽑아 놀다가 하후영을 베고 말았다. 아무리 하급관리라지만 현청에서 관리를 베다니 그것은 사형감이었다.

유방은 도망치고 피투성이가 된 하후영만 남았다. 사법 책임자인 소하는 난처했다. 뒷일은 어떻게 수습해볼 테니 실토해 버리라고 하후영에게 말했다. 그러나 끝내 하후영은 입을 다물었고 묵비의 죄로 1년 동안 감옥에 갇히게 되었다.

소하는 그때 유방의 진가를 본 것 같았다. 유방이라는 자는 사람을 거느리는 타고난 재주가 있다. 앞으로 소중하게 다루어야 할 것 같았다.

소하는 진제국이 곧 무너질 것으로 생각했다. 숨막히는 법과 제도가 백성을 옥죄었고 노역이 너무 과중하여 사방에서 원성이 터져 나오고 있다. 여기저기서 반란이 일어나고 약탈이 일어나면 누군가 나서서 패현을 지켜야 한다. 만일의 경우에 대비하여 패에 세력을 만들어둘 필요가 있다. 그때 유방이 가장 적임자가 아닐까 라는 생각을 했다.

그러려면 미리 준비를 해두어야 한다. 소하는 은밀히 계획을 짜서 유방을 패현 관할 사상의 정장(亭長) 자리에 앉혔다. 정장이란 행정의 최말단직으로서 파출소장 정도에 해당된다. 사람들은 별 희한한 일도 다 보겠다고 수군거렸고 유방 자신도 왜 자신에게 그런 자리가 굴러들어왔는지 의아해했다. 그만큼 소하는 전혀 자신의 역할을 드러내지 않고 유방의 이름을 알리고 다녔다.

소하가 보기에 유방의 무능함은 아무런 문제가 되지 않았다. 유방의 주위에는 항상 사람이 모여들고 그들 중에 유능한 사람이 많아 빈자리를 보좌해주면 될 것이었다. 유방은 빈 그릇과 같은 사람이다. 그 그릇이 크면 클수록 더 좋았다. 유방의 천성적인 밝은 성격이 주위 사람들까지 밝게 만들어 어떤 어려움이 닥쳐도 난국을 헤쳐나갈 것으로 소하는 확신했다.

소하의 능력을 높이 산 어사가 그를 중앙의 관리가 되도록 추천해주겠다고 했지만 소하는 정중히 거절했다

"저는 제 고향 패가 좋습니다. 이 땅에서 일하다 죽을 겁니다."

말은 그렇게 했지만 소하에게는 진제국의 끝이 보였다. 진의 중앙관리가 되었다가는 자신의 운명이 어떻게 될지 모른다.

이후로도 소하는 사상의 정장이 된 유방과 긴밀하게 연락을 취하고 있었다.

패공이 된 유방

정장이 된 유방은 신나게 일을 했다. 다른 지방에서 흘러들어온 도둑을 잡는 일은 그의 체질에 딱 맞았다. 대부분 졸개를 시키지만 직접 나서서 도둑을 잡으러 나서기도 했다. 그리고 대나무에 문양까지 넣어 직접 디자인한 관(冠)을 만들어 썼다.

유방의 본래 이름은 계(季)였다. 계라는 이름은 끝동생을 가리키는 말로써, 유가네 막내라는 뜻이다. 이름 하나 변변히 지을 형편이 못되는 보잘것없는 집안이었던 것이다.

유방은 매일을 나태하게 지내고 있었다. 그리고 마음속으로 생각했다.

'군에도 현에도 변변한 관리 하나 없다. 그냥 무턱대고 진나라 법이 제일인 양 따르고 있는 무리들뿐이다. 나를 추천해준 소하와 조참(曹參) 정도가 자신의 판단으로 일을 해낼 수 있는 사람이라고 할까.'

유방은 오전중에만 역정에 있고, 정오가 지나면 나가버렸다. 가는 곳은 단골인 왕씨와 무씨 노파의 술집이었다. 외상으로 술을 실컷 마시고 곯아떨어지는 것이 하루의 일과였다.

도둑 잡는 일 말고는 매사에 심드렁한 유방이 게으름뱅이에 타락한 생활을 하고 있어도 그는 정장의 자리에서 쫓겨나지 않았다. 소하의 보이지 않는 보호막이 있었기 때문이다.

그 즈음 진의 수도 함양(咸陽, 장안)에서 시황제의 전용도로를 만

드는 토목 공사가 할당되어 유방도 부역을 나가게 되었다. 소하는 유방을 위해 군청과 현청에서 전별금을 모았다. 1인당 300전을 주었는데 유방에게만은 500전을 주었다.

함양으로 간 유방은 노역 인부들과 함께 도로의 울타리를 쌓던 중, 진시황의 로차(輅車)가 무장한 병사들의 호위를 받으며 지나는 것을 보았다. 3천명의 황제 일행은 함양궁으로 환궁하는 중이었다.

공사 감독관이 일꾼들에게 일렀다.

"손을 놓지 말고 일하라. 어떤 일이 있어도 폐하의 로차에 눈길을 주어서는 안 된다."

엄하게 일렀음에도 유방은 흙치는 손을 멈추지 않은 채 슬쩍 로차를 훔쳐봤다.

"아! 사내로 태어난 이상 저렇게는 되어야지……."

유방은 자신의 차림새를 내려다보았다. 짧은 소매와 짧은 옷자락, 무명으로 만든 초라한 노동복에 신발도 신지 않은 맨발 차림인 자신의 모습이 한없이 초라했다.

반 년의 부역을 마치고 패읍으로 돌아왔지만 그의 일은 역시 정장이었다.

그후 유방은 계라는 버리고 이름을 방(邦)이라고 부르게 했다. 진시황의 로차를 멀리서 바라본 이후 강하게 느낀 바가 있었기 때문이었다.

'인간이 뜻을 크게 가지면 천운도 얻고, 나라〔邦〕를 일으킬 수도 있으리.' 라고 생각했던 것이다.

시황제 말기가 되면서 더 많은 장정들이 군역이나 토목공사에 징발되었다. 돌아오지 못하는 사람이 늘어나자 수많은 도망자가 생겼고 그들은 사방으로 흩어져 산 속에 숨어 도적이 되었다. 엄격한 법제도 때문에 본의 아니게 범법자가 되어버린 백성들이 늘어나고 치안은 극도로 불안해졌다.

유방이 근무하는 사상 지역에도 노역 명령이 날아왔다. 여산(廬山) 진시황릉 묘역공사에 패현의 현령도 노역자를 뽑아 보내야 했다. 500여 명의 인솔을 유방이 맡게 되었다.

유방으로서는 이 일이 무척 괴로웠다. 여산으로 가는 도중 하나 둘 도망자가 생기기 시작했다. 그들은 여산으로 가면 영영 돌아오지 못한다고 생각하고 있었다. 설령 살아남는다고 하더라도 꼭 돌아온다는 보장도 없다.

"이런 불쌍한 사람들을 여산까지 데리고 가야 한단 말인가. 정말 불쌍하구나."

유방은 중얼거렸다.

갈수록 노역자들의 수가 줄어들었다. 이대로 가다가는 여산에 도착하기도 전에 한 사람도 남지 않을 것이다. 인솔 책임자인 유방 자신도 죄를 면할 수 없을 것이다.

생각이 여기에 미치자 유방의 머릿속에 잠자고 있던 협기가 고개를 들었다. 자포자기가 되어버린 유방은 택중(澤中)이란 곳에 이르러 행진을 멈추고 술을 마시면서 말했다.

"너희들은 여산에 부역을 가면 고생이 말할 수도 없을 것이다.

또 언제 살아 돌아올 수 있을는지도 모른다. 이미 도망친 사람들은 목숨을 건질 수 있지만 나를 따라 여산까지 가는 사람은 필시 죽게 될 것이다. 그러니 너희들은 마음대로 도망쳐서 목숨을 건지도록 하라!"

유방의 말에 한 사람이 말했다.

"우리는 도망쳐 살 수 있지만 당신은 우리를 놓아준 죄로 목숨을 잃을 텐데요?"

유방은 술 취한 목소리로 말했다.

"나도 도망치겠다."

노역자들은 각자 살 길을 찾아 흩어졌다. 그러나 10여 명이 유방을 따라나섰다.

유방은 패현 근처의 늪지대로 몸을 피하여 도적떼의 우두머리가 되었다. 그 순간부터 유방은 진제국의 반란군이 아닌 도망자가 된 것이다.

부하들과 함께 늪지대로 숨어든 유방은 도적질을 하지 않으면 먹고 살 길이 없었다. 그러면 주민들의 원성을 사게 될 것이고 한낱 이름없는 도적으로 죽어갈 것이다. 그점을 염려한 소하는 은밀히 유방에게 양식을 보내고 그의 추종자들을 모으기 시작했다. 그리고 유방을 '유공(劉公)'이라는 깍듯한 호칭으로 불렀다.

시황제는 제위에 오른지 11년 만인 BC 210년에 세상을 떠났다. 막내아들 호해(胡亥)가 2세 황제에 올랐지만 시황제의 막강한 권력에 의해 유지되던 법질서도 흔들리기 시작했다.

호해가 즉위한 해 진승이 반란을 일으켰다. 여러 군과 현에서 백성들이 현령을 죽이고 그에 가담했다는 소식이 들려왔다. 패의 현령도 겁을 먹고 어쩔 줄을 몰라했다. 현령이 진승의 거병에 호응하려고 하자 소하가 말했다.

"현령께서는 중앙에서 파견된 관리가 아닙니까?"

소하는 늪지대에 숨어 있는 유방을 불러들여 패현을 방어하게 하자고 현령에게 말했다.

현령은 유방을 성 안으로 불러들였다. 그러나 막상 백여 명의 부하를 이끌고 온 유방을 보자 두려웠다. 현령은 성문을 걸어 잠그고 소하와 조참을 죽이려 했다. 가까스로 성을 탈출한 소하와 조참은 유방에게 현령의 변심을 알렸다.

유방은 패의 부로(父老)들에게 알리는 글을 써서 성 안으로 쏘았다. 머지 않아 진승의 군대가 공격해올 것이므로 속히 현령을 죽이고 거사에 동참하여 패의 백성과 재산을 지켜야 한다는 내용이었다.

부로란 지역에서 신망이 두터운 원로들이다. 유방의 서신을 본 부로들은 젊은이들을 설득하여 현령을 죽이고 성문을 열어 유방을 맞아들였다.

유방은 패의 현령으로 추대되어 패공(沛公)이 되었다.

소하는 조참과 의논했다.

"유방을 추대해서 패공으로 앉혔지만 그러나 지금처럼 백 명이 채 안되는 병력으로는 패읍을 지킬 수가 없다. 지금부터 즉시 우리들이서 군사를 모으지 않으면 우리의 목숨도 풍전등화와 같다. 먼저 진나라 법이 두려워 도망친 자들을 불러모으는 것이 지름길일 것이다. 다행스럽게도 지금 패읍의 창고에는 수천의 병력을 먹이는데 충분한 식량이 비축되어 있다. 발이 넓은 번쾌를 병력을 모은는 일에 쓰면 어떨까."

패공이 된 유방의 군대는 당초 3천이었으나 시간이 지나면서 계속 늘어 다음해에는 6천이 되었다.

유방은 여전히 진제국에 충성을 하고 있는 인근 여러 고을을 차례로 공격하여 세력을 넓혀갔다.

項羽劉邦

2. 유방의 참모들

"큰일을 할 사람은 작은 예의에 구애받지 말아야 하고, 큰일을 치를 사람은 조그만 겸손 따위를 문제 삼지 말아야 합니다."

—홍문의 연회에서 항우로부터 유방을 대피시키면서 번쾌가 했던 말

나라를 잃은 신하, 장량

진나라에 의해 조국 한(韓)이 멸망하자 인생이 크게 바뀌게 된 또 하나의 인물이 있었다. 장량(張良)이었다. 그는 후에 한고조 유방을 떠받쳤던 3걸 중의 하나이다.

장량의 조부와 아버지는 모두 한왕(韓王)을 5대에 걸쳐 섬겼던 재상이었다. 아버지 평(平)은 재상 자리에 있을 때 타계했다. 장량의 나이 3세 때였고, 두 살 아래의 동생이 있었다.

장량 형제는 재상 가문의 전통을 타고난 사람들이었는데 한왕이 이들을 특별히 보호하여 벼슬하지 않고도 하인 300명을 거느리며 아무런 불편함 없이 성장했다.

장량이 20세 때, 한왕의 특사로 진나라에 갔던 한비(韓非)가 진의

재상 이사(李斯)에게 죽임을 당하는 비극이 일어났다. 한비는 왕족이자 비범한 재능으로 시샘을 받아오던 터였다.

장량은 이를 비통히 여기고 진왕에게 원한을 품어 "반드시 이 복수를 하고야 말 테다."라고 굳게 마음속으로 다짐했다.

그런 즈음 장량은 한왕으로부터 밀명을 받았다.

"이미 우리나라는 진에게 13개 성을 내주고 종속의 뜻을 표했는데도 한없이 탐욕스런 진왕은 지금도 범과 이리처럼 발톱과 이빨을 노골적으로 드러내고 있다. 이대로 있다간 진의 공격을 피할 수 없을 것이다. 지금은 천지신명의 힘에 의지해 용(龍)을 구하고 그 힘을 빌려 막는 길밖에 방법이 없다."

한왕은 장량에게 용을 찾으라고 명했다.

장량은 용을 찾을 땅을 우선 남령(南嶺)의 황산(黃山)으로 정했다. 와룡이 살고 있다는 말을 들었기 때문이다. 몇 개의 산봉우리를 답사하고 골짜기를 넘었지만 결국 용을 찾지 못하고 되돌아와 남양(南陽) 교외에 있는 와룡 언덕에도 갔었지만 여기에도 용은 없었다. 장량은 시종들과 함께 한의 도읍 양적(陽翟)으로 돌아와 한왕에게 고했다.

"용이 나타나 주지 않는다면 강국 진의 공격을 피할 길이 없겠구나……."

한왕은 같은 말만 되풀이할 뿐이었다. 그래서 장량은,

"용을 찾고 싶은 것은 저도 마찬가지입니다. 제나라 낭사산(琅邪山)과 연(燕)나라의 갈석산(碣石山)에는 흔히 용이 내려오는 상서로운 일이 있다고 하니 가보겠습니다."라고 고하고 다시 시종 5명을 이끌고 여행에 나섰다.

장량이 길을 떠난 지 4년의 세월이 흘렀다.

연나라 각지를 돌아 갈석산을 샅샅이 찾아본 후 남하하여 제의 낭사산에 왔을 때 장량은 한이 이미 진에게 멸망당했음을 알았다.

서둘러 양적으로 돌아왔지만 동생은 이미 진군에게 살해당하여 그 시체도 찾을 수가 없었다. 이때 장량은 23세였다.

멸망한 한(韓)의 신하 장량은 계속 용을 찾아 다녔다. 발해(渤海)에 붙어 있는 내읍(萊邑)에서 우연히 현자 창해군(倉海君)을 만나게 되었다. 창해군이 장량에게 말했다.

"귀군이 나라를 잃고 육친까지 잃으셨음은 세상에서 가장 슬픈 일입니다. 진왕은 지금 황제라 칭하며 천하를 마음대로 휘두를 뿐만 아니라 생사여탈을 제멋대로 하고 있습니다. 이것은 지상에 태어나 삶을 얻은 인간으로서 용서할 수 없는 일입니다. 진왕은 신선술을 좋아하므로 틀림없이 동쪽으로 갈 것입니다. 함양에서 동쪽으로 가려면 반드시 양무(陽武)의 남쪽 박랑사(博浪沙)를 거치게 됩니다. 저는 굉장히 힘센 장사를 알고 있으므로 귀공의 보복을 위해 그 사람을 시켜 모시도록 하겠습니다."

장사를 자기 편으로 맞은 장량은 아무도 모르게 무게 120근(약 300킬로)의 철퇴를 만들어 수레에 싣고 박랑사가 내려다보이는 언덕으로 운반해갔다. 장량과 장사가 기다리길 3일째, 시황제의 로차가 줄지은 호위용 수행 수레와 기마의 호위를 받으며 박랑사에 나타났다.

그때 장사는 진왕의 로차를 향해 철퇴를 굴렸다. 거대한 쇳덩이는 무서운 기세로 굴러 내려가 맨 앞에 가던 수레를 산산조각 내어버렸다.

두 번째 로차에 타고 있던 시황제는 가까스로 목숨을 건졌다. 놀라 격노한 시황제는 가까운 읍리부터 강 건너 마을까지 10일간에 걸친 대대적인 수색을 명했지만 범인을 잡지는 못했다.

의문스러울 때는 물어라

박량사의 시황제 습격 사건은 패읍에도 영향을 미쳤다. 유방도 정체를 알 수 없는 시황제 습격범 수색에 7일간이나 동원되어 군내 각지를 돌아다녔다.

시황제 8년 2월에 엄한 통달이 있었다.

부정한 상인, 죄를 짓고 도망중인 자, 세금을 납부치 않고 도망친 자, 다른 집안에 사위로 들어가 그 집의 재산을 노리고 있는 자들을 색출하라는 것이었다. 그리고 부정한 상인은 매인(賣人), 범죄인은 포망(逋亡), 사심을 가진 사위에게는 췌서(贅婿)라고 크게 쓴 나무 표지를 목에 걸고 '괘씸한 사람'으로 쳐서 토목 공사의 노역부로 징발케 했다.

패현에서는 소하가 이 괘씸한 부류를 소탕하는 책임자가 되었다.

그런데 징발된 자의 수가 의외로 많았으므로 소하는 옥리(獄吏) 조참과 상의했다.

"이렇게 괘씸한 자가 많으니 어찌할 바를 모르겠소. 논어에 '의문스러울 때는 스승이나 벗에게 물어보도록 한다(疑思問)'라는 말이 있는데, 무엇을 기준으로 괘씸죄 여부를 판정하면 좋겠소?"

조참이 꾀를 내었다.

"이번에 잡아들인 자들은 진나라 법의 효과를 높이려고 무리하게 잡아들인 자들입니다. 이들을 낱낱이 죄인으로 한대서야 백성들이 마음놓고 살 수가 없습니다. 현재 옥에 몇 사람 죄수들이 있으니 이들을 괘씸한 자들로 만들어서 내보내면 어떻겠습니까."

투옥된 죄수는 모두 6명이었다.

"역시 당신 말씀대로 이번 괘씸한 자들은 남을 귀찮게 하거나 괴롭힌 죄수들만으로 한정시키는 것이 좋을 듯싶소."

소하는 잡아들인 사람들을 전원 풀어주었다.

조참이 말했다.

"저는 옥을 지키는 관리로서 생각컨대, 죄를 판단하는 사람이나 죄를 저지른 사람도 모두 같은 인간입니다. 이 세상에 인간의 완전무결한 판단이란 없다고 생각합니다. 죄를 저지른 사람에게도 저마다 사정이 있을 것입니다. 분명히 악(惡)이 되는 것은 세 가지 있다고 생각합니다. 그 첫째는 사람을 죽이는 것이고, 다음은 사람에게 상해를 입히는 것이며, 끝으로 도둑질하는 것입니다. 이번 노역에 보낸 죄수 6명은 모두가 이 3악 중의 하나에 해당하는 사람들뿐입니다."

패현의 백성들은 진의 혹독한 명령에 맞선 용기와 재치 있는 인물로, 소하와 조참을 들어 칭찬했다.

장량, 태공병법을 배우다

진에서는 시황제 9년에 이사(李斯)가 승상의 자리에 앉았다. 진나라 출신이 아닌 자의 발탁된 출세였다.

시황제는 이 인사를 결정할 때, '승상 왕관(王綰)은 늙은 말의 지혜는 있지만 나이가 많은 탓인지 패기가 없어졌다. 어사대부 풍겁(馮劫)은 중용만 찾을 뿐 결단성이 없고 여러 관리에 대한 감찰이 부족하다.'고 생각했다.

이런 시황제의 심중을 헤아린 이사는 승상 취임과 동시에 대숙청을 단행했다. 재판관으로서 공정치 못한 자를 적발해 500여명을 모두 유형 보내고, 만리장성에서의 노역을 부과했다. 이에 관리들은 두려움에 떨게 되었다.

이사는 시황제에게 건의했다.

"예전에는 천하가 어지러워 통일이 안 되었고, 그 때문에 제후가 줄지어 일어섰던 것입니다. 학자의 말은 모두 옛것을 예찬하고 현재를 비방하지만 그것은 헛된 말로 포장하여 현실을 어지럽히는 것이며 자기가 배운 것만이 최선이라 내세웁니다.

지금 폐하께서는 천하를 손안에 넣으셨고, 여러 가지 법령을 제정하셨습니다. 그런데도 학자라 지칭하는 자들은 진의 법과 제도를 비하하며 한가지 명이 떨어지면 제각기 배운 것을 구실 삼아 비판하고 군주에 순종치 않음을 명예로 알고 다른 견해를 내세우는 것을 고상하다고 생각하여 이를 가지고 많은 백성들을 선동하는 것입니다. 이런 일을 금하지 않으면 군주의 위세가 쇠퇴하여 소인배의 무리가 생기는 것입니다. 이것을 금지하는 것이 상책입니다.

저는 사관(史官)이 취급하는 진의 기록 이외는 모두 태워버리고 또 박사관(博士官, 고금의 일에 능통하고 학식이 깊은 사람을 임명했음)이 직무상 보존하는 것 이외에 일반 민간으로서 시경・서경・제자백가의 기록을 소장하고 있는 자가 있으면 모조리 이를 군수에게 제출시켜 태워버리고자 합니다.

특히 시경・서경을 말하는 자가 있으면 장바닥에 끌어내어 참살하고 그 시체를 많은 사람이 보게 하고, 옛것을 예찬하며 현재를 비방하는 자는 일족을 멸하고, 알고도 놓아준 관리에겐 같은 죄를 부과하며 명령이 떨어진 후 30일 이내에 태우지 않는 자는 문신을 하여 죄수로 처단해야 할 것입니다. 다만 의약, 점술 책, 식목에 관한 책은 예외로 하고, 혹 법령을 배우려는 자가 있으면 관리로 하여금 가르치게 하면 될 것입니다."

시황제는 이것을 재가했다. 이사는 각 군수에게 엄명하여 서적을 태워버리게 했다.

이 엄명에 누구보다도 놀란 사람은 소하였다. 그는 매일 서책 소각을 지휘하면서 몰래 서적을 골라내어 집에다 감춰두었다.

패현 현청에 실려온 서책이 산더미를 이루었고 연일 이를 태우는 소리와 검은 연기가 공중에 퍼져 하늘에는 새 한 마리 날지 않고, 하늘은 회색빛이 되었다.

서책을 태우는 폭정은 온 마을에 걸쳐 3개월 동안 이어졌는데, 이른바 '분서갱유(焚書坑儒)'이다.

한편, 시황제 살해에 실패한 장량은 동쪽 땅 하비(下邳)에 줄곧 잠입해 숨어 있었다. 쫓기는 몸이 되어 5년이 지났다. 아직도 진의 수색이 엄했으므로 본래의 신분을 감추고 이름을 바꿔 하비 읍 밖 산기슭에 거처를 두고 있었다.

어느날 장량이 흙으로 된 작은 다리를 건널 때였다. 건너편에서 허름한 옷을 걸친 노인이 다가왔으므로 먼저 건너가게 해주려고 다리 끝에 서서 기다리고 있었다. 노인은 만족스러운 듯 다리를 건너자 곧 장량에게 다가와 아무말 없이 일부러 짚신을 다리 아래에 벗어 던지곤,

"이봐, 젊은이 내려가서 저 짚신 좀 갖다주게나." 라고 느닷없이 명령했다.

놀란 장량이 일순 불끈 했지만 노인의 말이라 마음을 고쳐 참았다. 그런데 짚신을 주워 오자 이번에는,

"짚신을 신겨다오." 라며 발을 장량의 코앞에 내밀었다.

장량은 화가 나기보다 어이가 없었다. 내친 김에 무릎을 꿇고 신겨주었다. 그러자 노인은 "하! 하!" 큰소리로 웃으며 종종걸음으로

가버렸다. 장량은 그 자리에서 그냥 보고 있을 뿐이었다.

노인은 한참 가다가 되돌아왔다.

"자네는 젊은이 치고 남다른 데가 있어. 그래서 자네의 장래성을 내다보고 중요한 것을 가르쳐주려는 걸세. 지금부터 5일 후, 아침 일찍 여기서 만나세."

장량은 노인을 이상한 사람이라고 생각하면서도 저도 모르게 무릎을 꿇고 "네." 라고 대답하고 있었다.

5일째 아침, 장량이 다리에 와보니 먼저 와 있던 노인이 화를 내며 말했다.

"나이 많은 사람과 약속해놓고 늦다니 돼먹지 않았군. 꺼져 버려. 5일 후 아침에 다시 만나자구."

다시 5일 후, 이번에는 밤중에 다리로 가서 기다렸다. 한참 후에야 노인이 나타났다.

"됐어. 이래야 되는 거야."

노인은 한 권의 서책을 장량에게 주었다.

"이 글을 읽고 이 꾀를 쓰면 그대는 왕자의 스승이 될 거야. 앞으로 10년이 지나면 그대는 반드시 출세해서 13년 후에는 나와 제북(濟北)의 곡성산(穀城山)에서 재회하게 될 거다. 그때 그대는 산기슭에 있는 노란 돌을 볼 거야. 그 돌이 바로 나야."

노인은 알쏭달송한 말을 남기고 아직 밝지 않은 여명 속으로 사라졌다.

장량이 집으로 돌아와 서책의 내용을 보니, 태공망(太公望) 여상

(呂尙)의 병법서였다. 주나라 사람인 문왕이 위수(渭水) 강가에서 낚시질을 하고 있는 여상을 보고 "내 조부인 태공 때부터 기다리고 있던 현인이다"라고 기뻐했기 때문에 태공망이라고 불리우는 인물이다.

장량은 병법서를 탐독하며 병법에 눈을 뜨기 시작했다. 그리고 시황제에 원수를 갚을 일만을 생각하며 절치부심했다. 어느새 장량 주위로 하비의 젊은이들이 모여들기 시작했고 장량은 자연스레 협객들의 두목이 되었다.

그런 장량을 의지해 찾아온 사람 중에 본래 초나라 귀족으로서 진에 원한을 품고 있는 항백(項伯)이라는 사내가 있었다. 항우의 숙부인 항백은 사람을 죽이고 도망와 그에게 의탁하고 있었다. 장량은 거처를 수시로 바꾸면서 항백을 돌보며 함께 시황제를 칠 기회를 노리고 있었다. 항백은 이때의 은혜를 훗날 홍문의 연회에서 유방의 목숨을 구해줌으로써 장량에게 보답하게 된다.

경청(傾聽)의 달인 유방

진에 대한 복수심을 불태우던 장량은 시황제의 죽음과 진승의 반란 소식을 듣고는 맥이 빠졌다. 갑자기 목표가 없어진 것이다.

천하는 들끓기 시작했다. 장량은 소부대를 이끌고 진승의 휘하로 들어가기 위해 길을 떠났지만 가던 중에 진승이 죽었다는 소식을 들었다.

그후로 장량은 어디서 누가 거병을 했다는 소식이 들려오면 찾아가서 자신의 병법을 전수해주겠다고 말했다. 그러나 아무도 그의 말을 귀담아듣지 않았다. 몸집도 작고 여자처럼 청순한 얼굴을 가진 장량이라는 무명의 사내에게 어느 누구도 자신의 운명을 걸고 싶지는 않았던 것이다.

장량은 진승의 뒤를 이어 경구라는 사람이 추대되었다는 소식을 듣고 그에게로 가기로 했다. 내키지 않았지만 다른 방법이 없었다.

장량이 패현을 지날 즈음 유방이라는 존재를 떠올렸다.

'그러고보니 유방이라는 이름을 들은 적이 있지.'

패현의 현령이 된 유방은 그를 기꺼이 만나주었다. 만나준 정도가 아니라 때로는 진지하게 때로는 환한 표정으로 장량의 의견을 경청해주었다.

장량은 신선한 충격을 느꼈다.

'경청이란 이런 것이로구나!'

유방이란 사내는 바닥이 어딘지 모를 커다란 그릇 같은 사내라고 느꼈다. 자신의 마음을 모두 비우고 장량이라는 한 인격을 고스란히 받아 담고 있는 것이다.

유방은 장량에게 자신의 빈객이 되어줄 것을 부탁했고 장량의 얼굴은 발갛게 상기되었다.

눈앞의 이 매력적인 사내를 천하의 패자(覇者)로 만들겠다는 높은 의지가 장량의 마음속에서 솟구쳤다.

유방은 장량에게 구장(廐將)이라는 직책을 내려주었다. 전투에는 참가하지 않지만 작전을 짜고 최고군사회의에 참석하는 요직이었다. 그것을 계기로 장량은 유방의 작전참모로서 유방이 천하를 제패하는데 커다란 역할을 하게 된다. 적재적소에 인재를 등용하는 유방의 타고난 감각을 보여주는 대목이다.

항량의 독특한 인재 발굴법

진제국에 최초로 난을 일으킨 진승과 오광은 초나라 사람이었다. 멸망한 초의 귀족들은 사방으로 흩어져 유랑 생활을 했는데 항우의 또다른 숙부 항량(項梁)도 그런 유민이었다.

초가 멸망했을 때 항우의 나이는 겨우 열 살이고 아버지는 이미 세상을 떠나고 없었다.

항량은 초나라 장군 가문 출신으로, 그의 아버지 항연(項燕) 장군은 진나라 장수 왕전(王翦)에게 살해당했다. 조카 항우는 어린 시절부터 항량을 따르고 있었다.

항량은 열 살때부터 자신의 손으로 키운 항우를 몹시 귀여워했다. 항우는 민첩했고 직관력이 뛰어났으며 힘도 무척 셌다.

항량이 항우에게 문자를 가르쳤을 때 그가 검술을 배우고 싶다고 해서 그렇게 하도록 해주었다. 그런데 항우는 이것도 금세 그만두었다.

항량이 노하자 항우가 대답했다.

“문자를 배워봤자 이름이나 겨우 쓸 정도고, 검술을 배운다 해도 한 사람이 다른 한 사람을 상대하는 게 고작입니다. 둘 다 배울 만한 가치가 없다고 생각합니다. 그보다는 나는 만인을 상대할 병법을 터득하고 싶습니다.”

항량은 항우에게 병법을 가르쳤다.

그런데 항량이 실수로 사람을 죽이는 사건이 일어났다. 그 보복을 피하려고 조카인 항우를 데리고 오(吳)나라로 도망쳤다. 오의 실력자들은 명문가 출신인 항량을 우두머리로 추대했다. 항량은 큰 부역이 있을 때면 인부 징용이라든가 장례식 같은 데서 제법 실력 발휘를 했다.

그 무렵 진시황제가 순행하던 도중 절강(浙江)을 건널 때 우연히 항량과 항우는 처음으로 시황제를 볼 수가 있었다.

그때 항우가 “저 자리를 내가 차지했으면…….”이라고 군중 속에서 중얼거렸다.

옆에 서 있던 항량은 당황하여 조카의 입을 막으며 “그런 소리 함부로 하는 게 아니다. 혹 진나라 관리의 귀에 들어가는 날이면 일족이 멸망당하는 거다.”라며 낮게 말했다.

이 일이 있은 후로 항량은 조카를 뛰어난 걸물로 보게 되었다. 항우는 키가 8척이 넘고 무서운 힘을 가지고 있었으며, 재기가 뛰어났다. 때문에 오나라 사람들은 항우를 어려워하며 멀리했다.

항량은 언동에 주의를 기울이며 인심을 모으려고 했다. 하식과 재물과 인품을 가진 항량은 곧 명사가 되었다.

당시 가장 중요한 의식인 장례식에서 항량은 일사불란하게 진행을 맡았다. 그러는 사이에 많은 부하가 생겨났다. 장례식을 치를 때마다 새로운 인재를 발굴했다.

'저 친구는 100명 정도의 부하를 거느릴 수 있겠어.'

일단 그의 눈에 들면 부하로 삼아 많은 것을 가르쳤다.

사람의 능력은 제각각이다. 처음에는 화려한 재능을 보이다가도 단지 사람의 눈을 끄는 데 그치는 사람도 있다. 그런 인물은 많은 사람을 통솔할 수 없다. 항량은 그런 사람에게는 별 관심을 보이지 않았다.

나중에 항량이 거병을 하고 부하들을 각자의 능력에 맞게 배치할 때 인선에서 제외된 인물이 강력하게 항의했다. 항량이 그 이유를 설명했다.

"당신 그때의 장례식을 기억하시오? 이러이러한 일을 맡겼는데 잘 처리하지 못했소."

그는 개개인의 능력보다는 다른 사람과의 관계를 중시했고 반란이라는 거사를 앞두고 단결을 방해할 사람을 제외시켰던 것이다.

항량은 현령을 제거하고 스스로 회계군의 군수가 되었다. 진승이 반란을 일으킨 지 2년째 되는 해였다.

항량은 조카 항우를 내세워 장강(양자강) 이남 전지역을 장악해버렸다. 벼농사가 풍요로운 강남 땅은 그의 8천 군사들의 식량을 저절로 해결해 줄 것이었다.

항량의 휘하에는 유능한 인재들이 많았다. 모두 거리에서 눈여겨 보아 발탁한 인물들이었다. 종리매(鍾離眛), 한신(韓信), 계포(季布) 등이 그의 휘하에 들어왔다.

그후 항량의 군대는 장강을 건너 곧장 북진했다. 크고 작은 유민들을 흡수하면서 그 규모는 점점 커져갔다.

회수를 건널 즈음 항량은 경포(黥布)라는 이름을 들었다.

경포는 힘이 장사에다 거친 사내였다. 진의 법을 어겨 문신을 새기는 형벌을 받고 토목공사 현장에서 도망쳐 도적의 우두머리가 된 자였다. 세력을 키워가던 경포가 항량의 명성을 듣고 그의 수하로 들어왔다.

항량이 처음 경포를 본 인상은 인간이 아니라 괴물이었다. 항량에게는 선봉에 설 야전사령관이 필요했다. 다른 장수들이 저마다 자신의 기량을 뽐내는 동안에도 경포는 말없이 멀뚱한 표정으로 다른 장수들의 이야기만 들을 뿐이었다.

항량은 경포를 살피며 혹시 바보가 아닌가 싶었다. 그러나 얘기의 중요한 대목에서 경포는 험상궂은 인상에 어울리지 않게 엷은 미소를 지었다.

항량은 그 미소를 보고 마음을 놓았다. 이야기의 어떤 대목에서 반응을 보이냐에 따라 그 사람의 격조가 나타나는 법이라고 항량은 늘 생각하고 있었기 때문이다.

항량은 경포를 항우와 함께 선봉대장으로 삼았다.

항량의 군대는 점점 더 불어났다. 일단 하비를 근거지로 삼았다.

후일 유방의 휘하에 들어가 전략가로 이름을 날리는 장량도 하비 출신이었다. 그즈음 진승이 진의 장한(章邯) 장군에게 대패하여 자취를 감췄다는 소식이 들려왔다. 항량은 진제국을 타도한다는 기치를 내걸고 싸워 이기는 것만이 천하에 존재를 알리는 방법이라고 생각했다.

그 사이 경포와 항우는 각기 전선에서 승전보를 알려왔다. 항우가 큰 곡창을 가진 양성을 장악했다는 낭보를 전해왔다.

"과연 나의 조카 항우로다!"

그러나 항량은 뒤이은 소식에 질리고 말았다. 성을 함락한 후 항우가 수천 명에 달하는 진의 항복군을 성밖에 구덩이를 파고 산 채로 묻어버렸다는 것이다. 항우는 먼 곳에서 식량을 날라와서는 의기양양하게 말했다.

"숙부, 곡식을 축낼 놈들을 모두 갱(坑)해 버렸습니다."

항량은 비판하지 않았다. 그랬다가는 항우가 앞으로는 싸우려 하지 않을지도 모르기 때문이었다.

하비에서 호비로 근거지를 옮긴 후 식량은 곧 바닥이 났다. 항량은 밀정을 풀어 어느 곳에 식량이 풍부한지를 알아내어 설(薛)이 좋다는 판단을 내렸다.

항량은 군대를 이끌고 설로 향하며 사방에 격문을 보냈다. 진에 반기를 든 많은 장수들이 모여 앞으로의 행동을 논의하자는 것이었다. 유방이 항우를 처음 만난 것도 이 회의에서였다.

항우의 노회한 참모, 범증

진승이 진제국에 최초로 반란을 일으키고 그 세력이 팽창할 때 거소에 사는 노인 범증은 냉정한 눈으로 진승의 움직임을 지켜보고 있었다. 70세의 노옹이었다. 초나라의 관리였던 그는 초가 다시 일어나는 것을 보고 죽는 것이 유일한 소망이었다.

"거소에서 세상을 똑바로 볼 수 있는 인물은 범증뿐이다."라는 말이 퍼질 정도로 현자로 알려진 인물이었다.

진승의 난 이후 범증의 집에는 젊은이들의 출입이 잦아졌다. 그들은 진승에 호응하자는 뜻을 폈지만 범증은 아무말이 없었다. 그는 초나라 사람을 단결시키고 초의 왕족을 찾아내 초나라를 재건하기를 희망했다. 그러나 진승이 산야에 숨어 지내고 있는 초왕의 후예를 찾아내려 할지가 의심스러워 진승의 움직임을 지켜보고 있는 것이다.

범증의 기대와는 달리 진승이 국호를 장초(張楚)라 하고 스스로 왕이 되었다는 소식을 듣고는 진승으로는 안 된다는 결론을 내렸다. 대신 오중에서 항량이 거병했다는 소식을 듣고 그쪽을 주시했다. 범증은 항량에 대한 온갖 정보를 끌어모았다. 항량이 식견도 있고 현자의 의견을 경청하는 사람이라는 말을 행상인으로부터 전해듣고 여장을 꾸려 길을 떠났다. 항량이라면 자신의 생각을 이해해주리라는 믿음이 갔기 때문이었다.

범증이 항량을 만난 것은 항량의 군대가 설로 향하던 도중이었다. 범증이 초왕의 후손을 찾아 왕으로 세우자고 헌책한 것도 그때였다.

"진승은 그렇게 하지 않고 스스로 왕이 되었기 때문에 인심을 잃었으니 항 장군은 절대로 그렇게 해서는 안 됩니다."

항량은 기꺼이 범증의 말에 따랐다.

초나라 사람들은 기개가 높고 마음속엔 "마지막 집 3채가 남을지라도 진을 멸망시키는 것은 반드시 초이다."라는 생각이 자리잡고 있었다.

항량은 산속에서 양치기를 하고 있던 초의 마지막 왕 회왕의 손자 심(心)을 찾아내어 설로 모셔왔다. 심의 곁에는 초로의 사내가 따르고 있었는데 그의 이름은 송의(宋義)였다.

항량이 심을 회왕(懷王)으로 옹립하자 초나라의 유신들이 항량과 범증 아래로 몰려들어왔다. 그들은 초의 유신인 항씨보다 지위가 낮은 자들이어서 항량에게 깍듯이 대했다. 그러나 심을 따라온 송의만은 달랐다. 초의 대표적인 명문가 송가 출신인 송의는 영윤(총리)직에 올랐다.

항량은 범증에게 농락당한 기분이 들었다. 왕을 모시게 되면서 까다로운 격식도 지겨워졌다. 그런 항량을 범증이 달랬다.

"영윤은 문관의 최고위직일 뿐 군대를 거느릴 수 없는 그저 형식적인 자리입니다."

그 외에도 범증은 여러 사람을 관직에 배치했다. 그때 범증은 '유방'이라고 적은 죽간을 항량에게 내밀었다.

"유방이라……."

항량은 기억이 나지 않았다.

"생각나지 않습니까?"

유방은 며칠 전에 설을 찾아와 항량의 군대에 참가하고 싶다는 뜻을 밝힌 터였다.

항량은 유방의 당당한 풍모를 떠올렸다.

유방은 항량에게 병력을 빌려달라고 온 참이었다. 유방이 진중에서 독감에 걸려 패현에 돌아와 누워 있는 동안 도적떼 시절부터의 동료인 옹치라는 자에게 풍읍을 맡겼는데 옹치가 오히려 성문을 걸어잠그고 대항하는 바람에 그를 칠 병력이 필요했던 것이다.

"유방은 그리 대단한 인물이 아니야."

병력을 데리고 와도 시원찮을 판에 빌려달라니, 썩 달가운 인물이 아닐 수밖에 없다.

범증은 맞는 말이라고 일단 항량의 말에 동의하고나서 말했다.

"분명 세력은 별볼일없지만 수하를 보면 여느 도적떼와는 다릅니다."

항량은 금방 생각을 바꾸고 유방에게 장수 10명과 병사 5천명을 내려주었다.

유방은 군사를 이끌고 돌아와 풍성을 공략하고 옹치를 붙잡았다.

후일 유방은 그 옹치를 용서해주었다. 뿐만 아니라 싸움이 능한 그에게 병사를 주어 전선에서 활약하게 했다. 독감으로 자리에 누워 "옹지 놈을 뼈를 갈아먹어도 시원찮아."라며 이를 갈았던 태도는 온데간데 없이 이상할 정도로 관대한 처분이었다.

후일 유방이 천하를 얻어 장수들과 논공행상을 논할 때도, 장수들은 자신이 저지른 잘못을 두려워했다. 차라리 모반을 하자는 자도 있었다. 유방은 술렁임을 잠재운 뒤, 옹치를 후(侯)로 봉한다고 맨 처음 발표했다. 그를 배신한 옹치조차 용서하며 상을 내리는 유방의 덕에 장수들은 감격의 눈물을 흘리기도 했다.

항우와 유방의 운명적 만남

항량은 설에서 전열을 가다듬은 뒤 진의 근거지 함양을 최종 목표로 삼고 일단 북진을 했다. 항량의 군대에 참여한 유방은 부하들을 독려하여 잘 싸웠고 항량은 작전 때마다 병력을 늘려주었다. 그럴수록 유방은 더 잘 싸웠다. 항량은 항우와 더불어 유방을 좌우의 날개로 삼아 북진을 계속했다.

연승을 하자 빈틈없는 항량도 약간 느슨해졌다. 어쩌면 자신이 밥상을 차려주고 옹립한 회왕에게 보란 듯이 위세를 보여주고 싶었는지도 모른다.

항량은 정도(定陶)를 친다는 계획을 세웠다. 정도는 진제국의 장한 장군의 본거지와 가까운 곳이다. 언젠가 그와 일전을 벌이고 싶다는 욕망이 항량의 마음속에 늘 있었다. 의외로 간단하게 성을 손에 넣었다.

그러나 송의는 우려를 표시했다. 지금 항우와 유방은 항량이 있는 정도와는 너무 멀리 떨어져 성양(成陽)을 공략하고 있다. 군사가 양쪽으로 나뉘면 유사시에 서로를 도울 수 없다. 송의는 자신의 생각을 피력했으나 항량은 귀담아들으려 하지 않았다.

송의의 우려는 곧 현실로 나타났다. 들판 저편으로 진나라 병사들이 나타나기 시작하더니 순식간에 항량의 성을 에워쌌다. 진나라 장한 장군의 능력은 이미 항량을 넘어섰다. 장한의 군사들은 밤에 성벽을 타고넘어 성 안으로 잠입했고, 그뒤로는 항량의 군대는 속수무책이었다.

항량은 진나라 군대의 발밑에서 조용히 깔려 죽고 말았다. 유방과 항우가 그의 전사 소식을 들은 것은 승전의 기세를 타고 황하 유역의 성들을 하나하나 함락시켜나가던 때였다.

항우는 발을 구르며 큰소리로 울부짖었다. 총사령관을 잃은 병사들도 동요하기 시작했다. 그러나 유방은 어린애처럼 순진하고 멀뚱한 표정을 지었다. 그러면 참모들은 열심히 설명하며 이해를 도우려고 애썼다. 소하에게 장한의 작전을 설명듣고 나서야 유방은 탄성을 질렀다.

"황하 유역을 따라 서진하면서 너무 쉽게 이긴다고 생각했지. 결국 장한이 일부러 져준 거로군."

그 감탄하는 모습이 어린애 같았다. 그 천진한 모습에 반해서 유방이 가는 곳마다 서로 부하가 되겠다고 자청하는 것이다.

항량이 죽자 항우는 앞으로의 문제를 고심했다. 군사들이 동요할 것을 염려해 일단 퇴각할 것을 간언하는 범증에게 은근히 화가 치밀었다. 숙부를 죽음으로 몰아넣은 것도 범증이 보좌를 잘못했기 때문이라는 생각이 들었다. 항우는 초나라 군사들에게는 불사신과 같은 존재였다. 그런 항우 스스로 퇴각 명령을 내리자니 자존심이 허락지 않았다.

그런 참에 유방이 항우의 막사로 찾아왔다. 유방은 항우에게 퇴각을 건의했다.

항우는 유방을 재미있는 자라고 생각했다. 자신과는 다르지만 왠지 싫지가 않았다. 유방은 전투에 지고 도망치는 데는 이골이 난 사내다. 그런 유방이 멀뚱한 표정으로 허리를 굽혀 말하자 항우는 그런 유방에게서 어떤 우월감 같은 것을 느끼는 것이다.

항우로서는 자존심을 살리고 병사들에게 실망을 주지도 않고 퇴각을 결정하게 된 셈이다.

그후 항우의 군대는 팽성(彭城)에, 유방의 군사는 팽성 서쪽 탕(碭)에 진을 쳤다. 항량의 전사 소식을 들은 회왕도 팽성으로 급히 달려왔다.

돌아가는 것이 가까운 것이다

항량이 죽고 난 뒤 군대의 재편성이 실시되었다. 송의는 상장군, 항우는 노공으로 봉해져 차장, 범증은 말장, 그리고 많은 장수들이 송의의 직속으로 배치됐다. 그리고 유방을 탕의 장으로 임명하고 무안군(武安君)이라 했다. 회왕은 항량의 죽음을 계기로 정치·군사의 실권을 쥐고 송의를 주력군 장수로, 유방을 별동대의 장으로 삼았다.

그러나 항우는 눈엣가시 같던 송의를 죽이고 상장군이 되어 실질적인 초군을 대표하는 실권자가 되었다. 이제 남은 일은 쓰러져가는 진제국의 마지막 군사를 격퇴하는 일만 남았다. 항량을 전사시키고 용맹을 떨치고 있는 장한 장군이 걸림돌이었다.

항우와 유방이 진격할 때 회왕은 "제일 먼저 관중(關中)에 진격하는 장수를 관중왕으로 삼겠다."고 약속했다. 관중이란 진의 수도 함양을 말하며 이곳을 함락시키면 진의 항복을 받은 것이나 다름없었다.

주력군을 이끌던 항우의 군대는 북쪽을 치고 들어온 장한 장군과 싸우느라 불리한 입장에 있었다. 별동대를 이끌고 서진하던 유방이 관중에 입성하기에 훨씬 유리했다. 회왕과 측근들은 만일 항우가 관중으로 들어가면 닥치는 대로 사람을 죽여 초에 대한 신망을 잃을까봐 우려해서 그런 명령을 내렸던 것이다. 불리한 조건에도 항우는 마침내 장한 장군의 항복을 받아냈다.

일사불란한 항우의 군대가 파죽지세로 정벌해가는 것과는 달리 유방의 군대는 나약하고 훈련되지 않은 집단이었다. 드문드문 흩어져 있는 성을 함락하고 때로는 지기도 했다. 그러나 별로 크게 싸우지 않고도 큰 성과를 올릴 수 있었다. 수많은 진의 장수들은 온후한 유방의 성품을 믿고 자진해서 성문을 열어주었던 것이다. 유방 역시 점령지에서 약탈과 살상을 하지 않았다.

유방에게는 아주 독특한 면이 있었다. "내가 못하는 일은 남에게 맡기면 된다"는 생각이었다. 싸움을 잘하지 못하는 유방은 장량에게 그 일을 맡겼다.

유방은 이상하게도 장량에게 묘한 매력을 느꼈다. 장량은 표정에는 어떠한 생각도 드러내지 않으면서 아군과 적의 전략을 비교해가며 차근차근 공략해나가는 작전을 세웠다. 유방은 일단 그를 믿자 전군의 지휘권을 넘겨버렸다.

가장 놀란 사람은 장량 자신이었다.

그는 타고난 병법가였다. 그런데다 〈태공망 병법〉을 얻어 연구한 뒤로 그 누구보다도 전략에는 통달해 있었다.

장량은 관중을 향해 곧바로 서쪽으로 진격하지 않고 병력을 서서히 남하시켰다. 병력의 분산과 집결을 반복하면서 작은 성들을 하나하나 공략해갔다.

다른 장수들은 쓸데없는 짓에 시간을 허비한다고 불평했지만 장량의 의도를 파악할 수 없었다.

장량의 의도는 관중까지 가는 동안 유방의 군사를 강하게 단련하고 사기를 높여주려는 것이었다. 그리고 변방에서 깔짝깔짝거리며 진을 자극시켜 그들을 들판으로 유인해낼 작전이었다.

장량의 최종 목표는 관중이 아니었다. 나중에 진을 완전히 패망시킨 다음 누가 실권을 잡을 것인가까지 계산하고 있었다. 강력한 군대를 가진 항우가 유방보다 강력한 실권을 쥘 것이 뻔했다. 항우와의 패권 다툼에서 이기려면 유방의 군대를 강하게 할 필요가 있다. 장량은 거기까지 내다본 것이다.

유방의 군대가 진격해가는 방식은 얼핏 보면 군사적으로 잘못된 것 같지만 실제적으로는 손자병법의 '우직(迂直)의 계(計)'이다. '돌아가는 것이 가까운 것'이라는 전법이었다.

유방의 군대는 장비나 편성면에서 보잘것없는 군대였다. 진의 정규군과의 정면 대응을 피하고 적진의 틈을 노려 오른쪽으로 돌고 왼쪽으로 몸을 피하는 이른바 '물 흐르듯' 하는 전진을 했다.

유방의 군대에는 보급기관이 없고 식량도 충분하지 않다. 군량 보급을 위해 진나라 각 요지의 식량 창고를 찾으면서 전진할 수밖에 없었다.

관중으로 가는 마지막 걸림돌인 형양성에서 진군을 격파하자 유방의 군사들은 사기가 충천했다. 그때 장량은 군대의 지휘권을 유방에게 반납했다.

"공에게 모든 것을 맡기니 난 편안했는데……."

장량은 유방의 허허로운 기질에 다시 한번 놀랐다.

그동안 장량의 치밀한 작전을 이해하지 못한 소하를 비롯한 다른 장수들은 피곤해하며 오히려 소극적으로 임하며 본의 아니게 태업을 하는 경향이 있었다. 그러나 유방에게 지휘권이 반환되자 너도나도 허술한 유방을 도와야겠다는 마음이 생겨 장수들은 스스로 알아서 판단하고 적극적으로 움직이기 시작했다.

“제가 지휘하면 두세 번 사기를 올릴 수는 있지만 결국에는 전군이 나태해질 것입니다. 그래서 자멸할 수도 있습니다.” 라며 장량은 자신의 장점과 단점을 솔직히 인정했다.

유방은 진군을 계속하여 드디어 함양 동남쪽의 패상에 도착했다. 회왕이 먼저 도착하는 사람에게 관중왕으로 임명한다는 그 지역이었다.

유방이 패상을 점령했을 때 진의 사신이 찾아왔다. 천하의 간신 조고(趙高)를 제거한 진왕 3세 자영(子嬰)이 항복 의사를 전해온 것이다.

장수들은 진왕을 죽이라고 했지만 유방은 반대했다. ‘앞으로 겪어야 할 항우와의 대결을 생각해서 진나라 백성을 우리 편으로 만들어놓을 필요가 있다’는 장량의 의견을 받아들인 것이다.

“회왕이 나를 먼저 도착할 수 있게 배려해준 것도 나의 관용을 믿기 때문이다.” 라며 유방은 진왕 3세를 죽이지 않았다.

그 즈음 항우는 함양에서 가까운 홍문(鴻門)에 진을 치고 있었다. 유방이 장애물을 피해 우회했지만 항우는 그 장애물을 힘으로 제거하며 전진하느라 오히려 시간이 걸린 것이다.

항우는 유방이 먼저 관중 땅에 들어섰다는 소식을 듣고 펄쩍 뛰었다. 기선을 제압당했다는 사실에 분을 삭이지 못했다.

항우의 군사는 40만, 유방의 군사는 10만이었다. 홍문과 패상은 40리밖에 떨어져 있지 않다. 항우는 단숨에 달려가 유방을 쳐부수고 싶었다.

적은 항상 가까운 곳에 있다

유방에 의해 관중의 관문인 무관(武關)이 뚫렸다는 소식이 전해졌을 때 진제국의 수도 함양의 궁정에서는 일대 혼란이 일었다. 환관 조고가 승상의 자리에 올라 관료 조직을 한손에 장악하고 있던 무렵이었다.

시황제가 죽고나자 조고는 시황제의 막내인 호해(胡亥)를 2세 황제 자리에 앉힌 뒤 그의 눈과 귀를 막아버렸다. 진의 가혹한 법 때문에 잇따라 반란이 일어났을 때에도 조고는 "저놈들은 도적떼입니다. 관리들이 한놈도 빠짐없이 잡아들이고 있습니다." 라고 말하면 호해는 기분 좋아했다.

궁정에서 조고는 공포정치를 했다. 그의 마음에 들지 않으면 엄격한 법을 적용시켜 무차별 숙청을 했기에 관료들은 조고를 거스르지 않으려고 몸을 사렸다.

조고의 최종 목표는 호해를 없애고 그 자신이 황제에 오르는 것이었다. 그러나 마음속으론 누가 환관 따위를 진심으로 따르겠는가, 하는 불신감을 항상 갖고 있었다. 그는 관료들의 속마음을 실험해보고 싶었다.

호해가 제위에 오르고 언제부턴가 신하들의 배알이 없어지고 황제 주위에는 여자들과 환관들뿐이었다.

어느 날 조고는 사슴 한 마리를 끌고 오게 했다.

호해가 의아해하며 "이게 뭔가?"하고 물었다.

"이건 말〔馬〕입니다."

황제는 어이없어하며 "그게 무슨 말이냐, 사슴이다."라고 말해도 곁에 있는 환관들과 여인들은 아무말도 하지 않았다.

그중에는 "황제께서는 이것이 말이란 것도 모르십니까?"하고 나서는 자도 있었다.

몇몇 우직한 환관이 사슴이 맞다고 솔직하게 말했고, 그자들은 나중에 조고에 의해 목이 달아났다. 이 일화에서 지록위마(指鹿爲馬)라는 고사가 만들어졌다.

지금까지 조고는 호해를 궁정 깊숙이 가둬놓고 중원의 상황을 숨겨왔지만 유방의 군대가 코앞에까지 들어온 이상 조만간 들통나는 것도 시간문제였다. 아무리 비실거리는 호해지만 명색이 황제인데 자신을 속여온 것을 알면 조고의 목숨도 무사하지 못할 것이다. 여기에 생각이 미치자 조고는 호해를 죽여야 한다는 단순한 결심을 했다. 그는 염락이라는 자를 시켜 호해를 죽이라고 했다.

염락이 황제의 처소로 침입해 들어가 칼을 겨누었을 때야 호해는 비로소 조고의 반란을 알아챘다. 그는 아직 도망치지 않은 환관 하나를 돌아보며 사태가 이 지경이 될 때까지 왜 말하지 않았느냐고 한탄스레 나무랐다.

"그걸 말하지 않았기에 소인의 목숨이 붙어 있나이다. 그걸 말했다면 조고를 신뢰하는 폐하께서 소인을 죽였을 것입니다."

호해가 승상 조고를 만나고 싶다고 말하자 염락은 "안됩니다."라고 냉정하게 거절했다.

호해는 애원했다.

"일군(一郡)을 얻어 그 왕이 돼도 좋소."

"안됩니다."

"그렇다면 1만 호(戶)의 읍이라도 줄 수 없겠소."

라고 다시 간청했다.

염락은 한 마디로 차갑게 거절했다.

"안 되오."

호해는 결국 양손을 가슴에 얹고 깊이 절을 하며,

"처자와 함께 촌리의 한 구석이라도 좋으니 조용히 살고 싶은데 그건 어떻소."

라고 간청했지만 염락은,

"나는 단지 승상의 명령만을 전달하는 역할이오. 조용히 천하를 위해 죽어주십사 하는 것이오."

라고 말하고 부하 병사를 불렀다.

호해는 겁에 질린 나머지 칼로 목을 베어 자살해 버렸다.

조고는 호해의 형 자영을 진왕으로 삼았다. 조고는 진나라가 쓰러져가고 있음을 직감하고 오히려 적의 편에 서서 빨리 진나라를 무너뜨리고 점령군과의 관계를 원만하게 하려고 했다.

본래 조고를 미워한 자영은 왕위를 받지 않고 자택에서 나오려고도 하지 않았다. 즉위식을 준비해놓았는데도 자영이 나오지 않자 참다못한 조고가 자영의 궁으로 갔다. 미리 자객을 숨겨두고 있던 자영은 조고를 처치해버렸다. 역사상 최고의 악인이자 간신으로 이름을 남긴 조고의 최후였다.

자영은 유방에게 사신을 보내 무조건 항복하겠다는 뜻을 전했다. 유방이 관중에서 한달 이상을 싸웠지만 함양에 들어가지 못하던 무렵이었다.

다음날 자영은 옥새를 넘겨주었고 유방은 그것을 멀리 팽성에 있는 회왕에게 보냈다.

함양으로 들어간 유방은 맨 먼저 진의 궁정을 보고 싶었다. 그 자신이 시황제의 토목공사에 동원되어 부역한 적이 있었고, 인부들을 인솔하여 가다가 반란을 일으켰던 만큼 감회가 새로웠다. 시황제때 시작한 아방궁 공사는 호해 대(代)로 넘어왔고 다시 자영 대로 이어져 미완성인 채였지만 유방은 그 엄청난 규모에 놀랐다.

장수들은 궁에 들어서자마자 보물을 차지하기 위해 법석을 떨었다. 결국 규칙을 정하고 공평하게 나눠 가졌다.

그런 와중에도 소하만은 달랐다.

예전 패현의 하급관리 시절부터 법률과 행정에 밝았던 소하는 병참과 군대의 행정을 도맡아왔다. 그는 함양에 들어서자 맨 먼저 서책과 서류를 보관한 부고로 가서 모든 것을 끄집어냈다. 진의 인구, 요새 등 행정 전반을 기록한 그 서류들은 훗날 유방이 항우와 패권을 다툴 때 좋은 정보가 되어주었을 뿐만 아니라 한(漢)제국을 성립할 때도 기초 자료가 되었다.

장량은 장량대로 걱정이 되었다. 이대로 궁정에 머물다가는 병사들의 약탈이 심해져서 진의 백성들에게 민심을 잃을 것이라고 생각했다. 미녀들에게 둘러싸인 유방도 돌아가기를 주저하는 눈치였다.

호위대장 번쾌는 억지로라도 끌고 가겠다며 유방에게 패상으로 돌아갈 것을 재촉했다.

번쾌는 유방을 찾아내는데 공이 있었던 사람이다. 패읍의 개 도살꾼인 번쾌는 유방과 함께 패현에서 파행을 일삼았고 부랑자 소탕령 때 같이 붙들렸던 한 패였다.

그 시절 들판에서 날카로운 엄니를 드러낸 들개떼의 습격을 받은 적이 있었다. 그는 혼자서 들개떼에 맞서 칼을 휘두르며 개의 앞다리를 베기도 하고 차례차례로 눕혀서 움직이지 못하는 개의 목을 잘라 모조리 죽여버린 적도 있었다.

그 개고기를 먹을 때 번쾌는 "뭐니 뭐니 해도 누렁개의 고기가 제일이야. 들판을 뛰어다닌 때문인지 고기가 쫄깃쫄깃 씹히는 맛이 별미다. 염소나 돼지처럼 사람 손으로 사육한 것은 그냥 부드럽기만 하고 비계가 너무 많은데 이것은 비계가 알맞게 섞여 맛이 좋단 말이야. 게다가 짠맛이 뭐라 말할 수 없다. 이 맛에 길들이면 쇠고기는 제쳐놓고 염소와 돼지보다 훨씬 뛰어나다." 하며 배를 두들기며 호쾌하게 웃었다.

소하와 조참이 소탕령에서 구제해 주었던 건달들을 중심으로 군사 모집을 할 때도 번쾌는 온갖 수단을 써서 2천명이 넘는 인원을 모아 유방의 군사는 3천을 넘게 되었다.

그 공로로 번쾌는 국대부의 작위를 얻어 유방을 측근에서 호위하고 있었다.

장량과 번쾌의 강력한 주장에 밀려 유방은 진나라 황실 재산과 재물 창고에 봉인을 한 뒤 패상으로 물러났다. 패상에서 진을 치고 곧 들이닥칠 항우의 도착을 기다렸다.

한번 등용했으면 끝까지 믿는다

관중을 점령한 유방은 이미 관중왕이 된 기분이었다. 그는 원래 단순한 인물이었지만 백성들은 배고프고 핍박받으면 도망치거나 반항한다는 것은 잘 알고 있다. 지나치게 엄격한 법제도는 범법자만 양산할 뿐이다.

유방은 부로(父老)들을 모아 법3장을 밝혔다. 사람을 죽인 자는 사형, 상해를 입히거나 물건을 훔친 자는 그에 합당한 형에 처한다는 단순한 내용이었다.

부로들은 유방을 적극 지지하며 관중왕이 되어달라고 간청했다. 하지만 초군의 실질적인 지배자는 항우이다. 언젠가 항우가 관중 땅에 들이닥쳐 관중왕에 오르게 될지도 모른다. 유방은 관중왕이 되어달라는 부로들의 요청을 정중히 고사했다.

언제 항우가 들이닥칠지 몰라 불안하기도 했지만 다른 한편으론 불과 3년 전 패현의 건달로 사람들에게 무시당하던 때를 생각하면 지금의 성공이 감개무량하기도 했다.

유방은 늘 남의 얘기를 경청하는 자세가 몸에 배어 있었다. 어느

날 막사에서 허드렛일을 하는 자그마한 사내가 "장군!"하며 유방을 불렀다. 그리고는 "대왕께서 관중왕이 되셔야 합니다."라고 했다.

헌책하는 사람이 누구든 그의 얘기를 경청하는 유방이라 옷매무새를 가다듬고 자세히 말해보라고 일렀다.

"함곡관의 문을 닫아버리면 항우 장군의 군대가 들어오지 못할 것입니다. 그러면 장군께서는 관중왕이 될 것입니다."

세 살짜리 수준의 어이없는 말이었다. 남의 집에 들어가 "이제 이 집의 주인은 나야." 라는 것과 같은 말이었다. 하지만 그 말을 듣는 유방은 이상스레 상기되었다. 유방은 즉시 장수 하나를 불러 함곡관을 봉쇄하라고 명령했다.

항우는 관중으로 들어가는 관문인 함곡관에 이르러서야 유방이 문을 걸어잠근 것을 알았다. 평소 유방을 멍청이라고 생각하는 항우로서는 자존심이 몹시 상했다. 단숨에 관문을 부수고 관중을 향해 나아갔다. 이제 유방의 코앞에까지 왔다.

항우의 생각과는 달리 범증은 유방의 능력이 항우를 넘어서고 있다고 느꼈다. 사람의 의견을 경청하고 사람들을 자신의 큰 그릇에 담는 포용력은 항우가 갖지 못한 큰 장점이라고 생각했다.

'유방을 죽여야 해.'

범증은 한시라도 빨리 유방을 없애는 것이 급선무라고 생각했다. 범증의 뜻을 듣고 항우는 결심을 굳혔다. 다음날이면 총공세가 시작되고 유방은 늦가을 낙엽처럼 힘없이 떨어져나갈 것이었다.

관중을 장악한 이후 장량은 유방을 떠나 조용히 은거하고 있었다. 진제국의 멸망으로 자신의 목표가 사라졌다. 유방도 더 이상 자신을 필요로하지 않을 것이라는 지나친 결벽증 때문이었다.

항우의 총공세가 있기 전날, 장량의 은거지로 항우의 막내숙부 항백이 찾아왔다. 예전에 쫓기던 그를 장량이 숨겨준 뒤로 항백은 언젠가는 은혜를 갚으리라고 생각하고 있었다. 항우의 총공세가 시작되면 장량의 목숨도 위태로워질 것이라고 생각하고 알려주러 온 것이다.

"장공, 지금 개죽음 당할 것 없으니 빨리 피하는 것이 좋을 것 같소."

그러나 장량은,

"지금까지 패공을 모시고 여기까지 왔는데, 지금 위태롭다고 하여 도망치는 것은 불의(不義)라고 저는 생각합니다. 그것보다는 이 일을 패공에게 알려야겠소이다."라며 항백을 기다리게 해놓고 급히 유방을 찾아갔다.

항우의 기습공격이 있을 것이라는 것을 알린 뒤, 장량이 유방에게 물었다.

"이길 자신이 있습니까?"

장량의 질문에 유방은 힘없이 고개를 저었다. 장량은 유방의 그런 성격이 싫지 않았다.

"항우의 군사는 백만이라는 소문이다. 도저히 우리 군대로는 당할 수 없어."

유방의 안색이 하얗게 변했다.

"초군은 결코 백만이 안 됩니다. 고작 40만 정도겠죠. 초나라 사람들은 원래 과장하는 나쁜 버릇이 있습니다. 항왕을 찾아가 우리가 절대로 배신할 뜻이 없다는 것을 알리는 것이 차라리 현명한 방법이라고 생각됩니다."

유방은 장량에게 뜬금없는 질문을 던졌다.

"귀공과 항백과는 무슨 인연이 있소?"

"옛날 항백이 사람을 죽인 죄로 참수당할 지경이었을 때 하비로 도망쳐 왔길래 제가 구해준 적이 있습니다. 그래서 이번 위급한 상황을 알려주려고 급히 온 것입니다."

항백을 전혀 모르는 유방이 물었다.

"귀공과 항백은 누가 더 연장자요?"

"항백이 저보다 더 위입니다."

"그럼 항백을 내게 데려오지 않겠소. 나는 항백을 형으로 모시고 뵐까 하오."

항백이 오자 유방은 뿔잔으로 술을 권하며 "나는 함양 궁전에 들어가 창고를 봉쇄하고 항왕이 오시길 기다리고 있었습니다. 이것은 다만 도적떼들로부터 진나라의 보물들을 보호하려는 목적이었을 뿐 다른 뜻은 없었소. 내가 어찌 항왕의 은덕을 배신할 수 있단 말이오."하고 말했다.

유방은 날이 밝으면 항백을 앞세우고 직접 항우에게 가서 오해를 풀겠다고 약속했다. 항백은 알았다고 대답하고 항우의 진영으로 돌아갔다.

항우가 항백의 방문을 받은 것은 한밤중 잠이 들었을 때였다. 항백은 조곤조곤 항우를 설득했다. 유방이 먼저 관중에 들어와서 우리도 쉽게 들어올 수 있었는데 그를 친다는 것은 '의(義)'에 어긋난다고 말했다. '의'라는 말에 항우는 주춤했다. '의'라는 말은 거리의 건달들도 주춤하게 만드는 묘한 힘이 있다. 항백은 공격을 중지할 것을 요청하고 다음날 날이 밝으면 유방이 찾아올 것이니 그를 만나보고 결정해도 늦지 않다고 말했다.

항우는 즉각 범증을 불렀다.

"아보(亞父)."

아보란 아버지 다음 가는 사람이란 의미다. 항량의 뒤를 이어 항우의 참모가 된 그 노인은 때론 잔소리가 심하긴 해도 항우가 유일하게 의지하는 브레인이었다. 항우는 범증 외에 누구에게도 아보라는 호칭을 사용하지 않았다.

항우가 항백의 말을 그대로 전했을 때 범증은 순간 가슴이 묵직해졌다. '역시 나보다도 숙부를 더 믿고 있군.'

"잘 알겠습니다. 장군께서는 너무 크셔서 유방의 본질을 꿰뚫어보지 못하십니다."

항우가 쓸데없는 자존심 때문에 상대의 본질을 꿰뚫어보지 못하고 있다는 뜻을 그렇게 완곡하게 표현한 것이었다.

범증은 유방에 대해 불길한 예감을 가지고 있었다. 반드시 그를 죽여야 했다. 그는 항우를 설득해 내일 검객을 대기시켰다가 유방을 없애버리자고 약속했다.

위험은 사방에 도사리고 있다

유방은 100여명의 병사만을 호위병으로 거느린 채 항우의 진이 있는 홍문으로 향했다. 유방의 마차에는 장량, 하후영, 번쾌가 동승했다. 갑옷을 두른 번쾌는 연신 비장한 표정을 지었다. 죽을 각오를 한 사람의 표정이었다. 패의 거리에서 유방을 따라다닐 때부터 그는 항상 유방 곁에 붙어 걷기를 좋아했다.

'오늘은 내가 죽는 날이다.'

그는 속으로 계속 중얼거렸다.

항우의 막사에 도착한 유방은 안으로 안내되었다.

유방은 항우를 보자마자 넙죽 엎드렸다. 단칼에 베어버릴 기세로 항우가 호령했다.

"상장군인 나의 허락도 없이 함곡관을 막고 법을 고친 것, 진왕을 살려준 것, 이것이 네놈의 죄상이다."

유방은 바닥에서 얼굴을 들지도 않은 채 그것은 모두 항 장군에게 관중을 넘겨주기 위한 것이라고 말했다.

그 모습은 본 항우가 갑자기 실소를 머금었다. 이 정도의 사내였던가.

어느새 항우의 태도가 누그러졌다. 이미 살기는 사라졌다.

"저는 장군과 힘을 합쳐 군사를 진격시켜 하남에서 싸웠습니다. 어쩌다 지리적인 이점을 얻어 먼저 관중에 들어가 진을 격파하고 다시 장군과 여기서 만나게 되리라곤 상상조차 못했습니다. 지금 소인배들이 저와 장군 사이를 이간질하려는 것 같습니다."라면서 항우에게 용서를 구했다.

항우가 유방을 달래듯이 말했다.

"그것은 귀장의 부하인 조무상(曹無傷)이 말했소. 조무상이 말하지 않았다면 내 어찌 귀공을 의심했겠소."

이어 술자리가 마련되었다.

항우와 항백은 동쪽을 바라보고 상좌에 앉았고, 그 다음 자리에는 항우의 책사 범증(范增)이 남쪽을 향해 앉았다. 유방은 북쪽을 향해 세번째 자리에 앉고 유방의 참모인 장량이 서쪽을 향해 앉았다.

술잔이 하나둘씩 비워져 갔다. 유방은 대식가였지만 그날만큼은 음식에 손을 대지 않았다.

범증은 속으로 생각했다.

'어리석은 놈.'

그것은 유방이 아닌 항우를 가리키는 말이었다.

범증은 미리 2단계 계획으로 술자리에서 유방을 죽이라고 말해두었다. 그 신호로 항우에게 눈짓을 하며 차고 있던 벽(璧, 옥의 일종)을 들어서 세 번이나 신호를 보냈다. 그러나 항우는 범증의 신호를 못본 채 잠자코 있을 뿐 당초 약속한 대로 유방을 죽이라는 신호를 근위병에게 보내지 않았다. 속이 탄 범증은 자리를 박차고 나가 항우의 사촌동생인 항장(項莊)을 불렀다.

"우리 주군은 너무나 정에 약한 성품이어서 당초 계획이 마음대로 진척이 안 되네. 그러니 자네가 연회석에 들어가 축하의 검무를 추면서 유방에게 접근하여 그 자리에서 바로 유방을 죽여버리게. 지금 유방을 처치하지 않으면 앞으로 항씨 일가는 유방에게 필시 멸족을 당할 것일세."라고 귓속말로 지시했다.

범증의 지시를 받은 항장은 연회장 안으로 들어가, 항우의 장수를 기원하는 축배가 끝나자마자 "우리 주군과 패공을 위한 주연을 베풀고 있는데 아무래도 진중인지라 이렇다 할 여흥거리가 없으니 소인이 검무나 한번 추겠습니다."라며 자리에서 일어섰다. 항우가 흔쾌히 "좋다."라고 허락을 했다.

항장은 칼을 뽑아들고 검무를 추기 시작했다. 그 모습을 보고 있던 항백도 자리에서 일어나더니 칼을 뽑아 함께 검무를 추기 시작했다. 항백은 마치 유방을 막아서듯 하면서 검무를 추었다. 그 바람에 항장은 유방을 벨 기회를 놓치고 말았다.

항장의 검무가 유방을 노리고 있다는 것을 금세 알아챈 사람은 장량이었다. 급히 자리에서 일어나 연회장 입구 쪽으로 나가자 유방 일행의 안위를 걱정하고 있던 번쾌와 마주쳤다.

"연회장 안의 분위기가 어떻습니까." 번쾌가 물었다.

"아주 위급하다네, 지금 항장이 칼을 뽑아들고 춤을 추고 있는데, 우리의 주군을 죽이려고 하는 것 같애." 장량이 말했다.

"그건 안돼, 내가 들어가서 패공과 생사를 같이 하리다."

말이 떨어지기가 무섭게 번쾌는 칼을 허리에 차고 방패를 든 채 연회장 안으로 뛰어 들어가려고 했다.

연회장 입구에서 창을 든 항우의 위병이 가로막았다. 번쾌는 방패로 위병을 밀어 넘어뜨리고 연회장 안으로 들어가 두발을 버티고 서서 항우를 정면에서 노려보았다. 핏발이 서고 눈초리가 치켜 올라갔다. 그 눈초리는 '우리 주군에게 해를 가하면 나도 언제든지 항우 당신을 가만 두지 않겠다'는 태도였다.

"저게 누구냐?"

항우가 장량에게 물었다. 장량이 대답했다.

"패공의 무사로서 이번에 패공을 호위하고 있는 번쾌라는 자입니다."

항우는 "장사로군, 그에게 술을 한잔 따라줘라." 라고 명했다. 한 되들이나 되는 큰 술잔에 술이 넘치듯이 채워져서 번쾌에게 건네졌다. 번쾌는 선 채로 단숨에 술잔을 들이켰다.

항우가 이어, "돼지 어깨살을 내오너라." 하자 시종이 커다란 고깃덩이를 가져와서 번쾌 앞에 내려놓았다. 번쾌는 돼지고기를 방패에 올려놓고 칼로 베어서 먹기 시작했다. 이를 본 항우가 미소를 지었다.

"장사로군. 또 마시겠는가?"

번쾌는 쩌렁쩌렁한 목소리로 대답했다.

"저는 죽음을 두려워하지 않습니다. 하물며 한잔 정도의 술쯤 어찌 사양하겠습니까. 진왕은 범과 이리의 마음을 가진 데다가 많은 사람을 죽이고도 그도 모자라 계속 사람을 죽이자 세상 사람들이 모두 등을 돌렸습니다. 당초 초왕께서는 여러 제후들과 약속하기를 맨 먼저 진을 격파하고 관중 땅에 입성한 사람을 왕으로 하겠다고 말씀하셨습니다. 그래서 저희 주군 패공께서는 제일 먼저 진을 격파하고 함양에 들어와서도 재물을 하나도 손대지 않고 창고를 걸어 잠그고 군대를 패상으로 옮겨놓고 초왕께서 오실 때까지 기다리고 있었던 것입니다. 저희 주군이 저를 보내시어 관문을 지키게 한 것은 도적들의 출입 등 비상시에 대비했을 뿐입니다. 저희 주군의 공이 컸음이 명백함에도 아직 영지를 하사해주는 봉후(封侯)의 포상도 없었을 뿐만 아니라 도리어 소인배의 헛된 말만 믿고 공이 큰 사람을 죽이려 하는 것은 진나라가 망한 것과 무엇이 다를 바 있겠습니까. 이 또한 대왕의 음덕을 위해 애석하기 짝이 없는 일이 아닌가 하는 생각입니다."

번쾌는 울분을 토했다.

항우는 아무 대꾸도 하지 않은 채 "자 앉지, 앉아……." 라고만 말했다.

번쾌는 장량을 따라 자리에 앉았다.

잠시 후 유방이 변소에 가기 위해 일어났다. 번쾌도 그 뒤를 따랐다. 변소에 간 유방이 돌아오지 않자, 항우는 도위(都尉)인 진평(陳平)이란 자를 시켜 유방을 찾아오라고 보냈다.

조금 전 자리를 뜨면서 유방은 번쾌에게 물었다.

"인사도 없이 나왔다. 어떻게 하지."

그러자 번쾌는 "큰일을 할 사람은 작은 예의에 구애받지 말아야 하네, 큰일을 치를 사람은 조그마한 겸손 따위를 문제로 삼지 말아야 합니다. 지금 항왕은 주군을 도마와 칼을 가지고 생선처럼 회를 쳐서 먹으려고 하고 있습니다. 무슨 인사 따위가 필요합니까."라면서 바로 유방을 항우의 진영에서 도망시키려 했다.

그때 장량이 나타났다. 장량은 유방에게 "오늘 여기에 오실 때 무엇을 선물로 가져오셨습니까." 라고 물었다.

"백벽(白璧) 한쌍을 항우에게, 옥두(玉斗, 술잔) 한쌍을 범증에게 주려고 가져 왔는데 바칠 기회를 놓쳤다. 귀공이 나 대신 선물을 전해 주시구려." 라는 말만 남기고 유방은 40리쯤 서쪽인 패상으로 번쾌와 3명의 시종만을 거느린 채 지름길로 돌아갔다.

유방은 돌아가면서 장량에게 "내 군영까지는 샛길로 가면 20여 리에 불과하다. 내가 군영에 닿을 무렵 귀공은 연회장 막사 안으로 들어가도록 하오." 라고 명했다.

장량은 유방이 무사히 패상의 군진에 도착할 무렵에야 연회장으로 들어갔다.

"저희 주군은 인사도 할 수 없을 정도로 술에 너무 취해서 항왕께 결례를 할까봐서 저에게 대신 백벽 한쌍을 삼가 재배한 다음 대왕의 발밑에 바치고 또 옥두 한쌍을 재배한 다음 대장군 발밑에 올리라는 분부가 있었습니다."

장량은 유방의 명대로 항우와 범증에게 각각 바쳤다. 항우는 선물을 받아 두었으나 범증은 옥두를 받자마자 내려놓고 칼을 뽑아 깨뜨리고 하늘을 우러러 탄식했다.

"이런 간사스런 자와 무슨 일을 도모한단 말인가. 강력한 초군의 힘을 무너뜨릴 사람은 유방이 틀림없는데 우리 일족도 머지않아 그에게 사로잡히고 말 것이다."

비단옷을 입고 밤길을 걷다

유방은 진영에 도착하자마자 바로 조무상을 처형했다. 이어 병력을 이끌고 항우와 되도록 멀리 떨어지기 위해 동쪽으로 진군했다. 많은 제후와 초의 군사들이 유방의 뒤를 따랐다.

며칠 후 항우는 함양으로 들어가 항복한 진나라 3세 황제 영을 죽이고 보물을 탈취하고 부녀자들을 겁탈한 후 궁전에 불을 질렀다.

항우의 식객 중 한생(韓生)이란 자가 헌책을 했다. 항우가 궁전을 불태우는 것을 보고 안타까운 생각이 든 것이다.

"관중은 사방이 험난한 산으로 둘러싸인 요지 중의 요지입니다. 더구나 땅도 기름지니 함양에 수도를 정하면 천하를 지배할 수 있을 것입니다."

항우는 그 말을 들으려 하지 않았다. 항우는 자신이 태어난 고향 초가 그리웠던 것이다.

"부귀한 신분이 되어 고향으로 돌아가지 않는 것은 비단옷을 걸치고 밤길을 걷는 것과 같소. 모처럼의 부귀를 누가 알아주겠소."

한생은 그 말을 듣고 깜짝 놀랐다. 항우의 말이 너무 유치했기 때문이다. 마치 열 살짜리 어린애의 허세와 다름없었다.

한생은 몰래 남에게 말했다.

"세간에는 초나라 사람은 원숭이가 관을 쓴 것과 같다고 말하는데, 진짜 그러했어."

그 말은 곧 항우의 귀에 들어갔고 항우는 한생을 삶아 죽였다.

항우가 함양을 함락시켰음을 회왕에게 보고하자 "처음 약속대로 하라."는 답변이 왔다. 유방을 관중왕으로 하라는 뜻이었다. 항우는 불만을 느끼고 명령의 이행을 주저했다.

"회왕은 우리 항씨 가문이 그를 초왕으로 내세운 것뿐이다. 초왕에게는 이제까지 이렇다 할 공로도 없다. 그러한 초왕의 명령에 무슨 까닭으로 복종한단 말이냐. 천하를 평정한 것은 실제로 일선에서 장수들을 직접 지휘한 내가 아니냐."

항우는 초왕의 명령을 강하게 거부했다. 그리고 팽성을 수도로 하고 스스로를 '초의 패왕(覇王)'이라 칭하고 자신의 휘하에 왕들을 따로 거느리겠다는 뜻을 밝혔다.

항우는 회왕에게 의제(義帝)라는 호칭을 주고 유방의 처리에 고심을 했다. 범증은 유방에게 파·촉(巴蜀)과 한중(漢中)의 땅을 주자고 진언했다. 오지 중의 오지였다. 길이 험하기가 이루 말할 수 없어 그곳으로 가는 도중에 절반은 도망칠 것이라는 범증의 설명에 항우는 호쾌하게 웃었다. 병사들이 다 도망가고 혼자 터덜터덜 걸어가는 유방의 모습을 상상만 해도 웃음이 나왔다.

항우는 우선 유방을 한왕(漢王)으로 하고 관중을 어떻게 할 것인지 범증에게 물었다. 관중을 요지라고 헌책한 사람을 삶아죽인 마당에 항우에게 그 땅을 가지라고 할 수도 없었다. 그 대안으로 관중 땅을 3등분하여 진나라 장수 출신 장한(章邯)을 옹왕(雍王)에, 사마흔(司馬欣)을 새왕(塞王)에, 동예(董翳)를 척왕(翟王)으로 해서 나누어주었다. 그외 하남왕(河南王), 은왕(殷王), 대왕(代王), 상산왕(常山王), 구강왕(九江王), 임강왕(臨江王), 형산왕(衡山王), 연왕(燕王)을 정해 각기 그 봉국으로 보냈다.

팽성을 도읍으로 정한 항우는 의제를 다른 곳으로 보내야 했다. 사자를 보내어 의제에게 장사군 침현으로 천도하라고 촉구했다. 침현이란 곳은 듣지도 못한 오랑캐의 땅이었다. 의제는 분노했으나 항우에게 대항할 힘이 없었다. 그가 할 수 있는 일이란 은밀히 유방에게 사람을 보내 항우를 치게 하는 것이 유일한 보복 수단이었다. 그러나 항우는 지령을 내려 침현으로 향하는 도중에서 의제를 살해해버렸다.

이제 항우는 명실상부한 초패왕이 되어 그 누구도 대적할 수 없는 위치에 오르게 되었다.

그런데 항우의 논공행상에 크게 반발한 사람이 있었다. 한신(韓信)이었다. 한신은 그 발표를 듣고 항우는 뛰어난 장군이지만 제국을 일으킬 그릇은 못된다고 생각했다. 한신은 항우군을 이탈해 유방에게로 갔다. 그 하나쯤 사라져도 아무렇지도 않을 정도로 한신은 항우의 군대에서 보잘것없는 하급직이었다.

한신은 자신의 능력을 맘껏 펼쳐보고 죽는다면 여한이 없었다.

그런 생각은 점차 자신에게 기회조차 주지 않는 항우와 범증에 대한 증오심으로 바뀌었다.

한신은 유방이 자신의 재능을 인정하고 중용해 준다면 한중의 오지에서 나와 중원을 재패할 수도 있다고 생각했다. 그것은 오지에 갇히게 된 유방의 초라한 세력을 감안한다면 망상과도 같은 생각이었지만 한신으로서는 진심이었다. 그래서 유방에서 승부를 건 것이다.

한신이라는 천하의 인재를 얻다

유방이 한중을 향해 출발할 때 항우는 군사 3만 명을 주었다. 그 밖에도 유방을 따르기로 한 초의 군사들이 있었다. 유방은 그들과 함께 한중으로 향했다.

한중에 가려면 태령산맥을 넘어야 한다. 앞으로 나아갈수록 길은 험해지고 이윽고 계곡지대에 들어간다. 북쪽 입구를 사(斜)라 하고 남쪽 입구를 포(褒)라고 한다. 계곡의 벼랑에 걸친 잔도(棧道)가 굽이굽이 이어져 있었다. 잔도란 절벽 중턱에 통나무로 기둥을 세우고 그 위에 선반을 걸친 것처럼 다시 통나무를 늘어놓은 길이다.

바위벽을 깎아내어 길을 낸 곳도 있었다. 길의 폭은 한 사람이 겨우 지나갈 수 있을 만큼의 너비밖에 안된다. 마차는 지나갈 수 없기 때문에 병사가 말을 끌고 수레는 해체하여 바퀴와 차체를 병졸과 인부가 따로따로 둘러멘다. 발 아래는 바닥을 알 수 없는 천길 낭떠러지이다. 병졸도 말도 발을 헛디디기라도 하면 그것으로 끝장이다. 말로 형언할 수 없는 고난의 행군이었다.

겨우겨우 잔도를 건너오자 장량이 헌책했다.

"이 잔도를 불태워버립시다."

"태워버려? 왜?"

"잔도는 없는 편이 낫습니다. 도적이 침입해올지도 모릅니다. 진이 망했기 때문에 제후는 군대를 해산했습니다. 직업을 잃은 병사들이 많습니다. 그들은 도적떼가 될 것입니다."

유방은 진지한 자세로 장량의 말을 듣고 있었다.

도적의 침입을 막는다는 장량의 말은 표면상의 구실이었다. 항우는 유방이 관중으로 치고 나오지 않을까 항상 의심하고 경계할 것이다. 잔도를 태워버림으로써 동쪽으로 나올 의사가 없다는 것을 확실히 보여주어 항우의 경계를 늦출 생각인 것이다.

"그럼 나는 한중에 틀어박힌 채 영원히 중원으로 나갈 수 없잖은가."

"그렇진 않습니다. 잔도는 새로 진제국이 만든 것입니다. 오래전부터 있던 옛길이 아직 남아 있습니다. 옛길은 여기보다 훨씬 서쪽으로 우회하여 있습니다. 옛길은 비탈이 많고 돌아서 가는 길이 되지만 병마가 은밀히 행동하기에는 오히려 편리합니다."

"좋아, 그렇게 하지."

"저는 포중까지 갔다가 되돌아와야 합니다. 돌아오는 길에 이 잔도를 태워버리겠습니다."

장량은 애초에 유방의 신하가 아니었다. 엄밀히 말하면 진에 패망한 한왕(韓王) 성(成)의 신하였다. 진을 무너뜨리고 한을 재건하는 것이 염원이었던 장량은 진제국이 패망하고 성이 한왕이 되어 양척에 수도를 두게 되었으니 한왕에게 되돌아가려는 것이다.

잔도가 끝나자 길은 오르막이 되었다. 가파른 비탈길이다. 고개를 넘으니 저편에 더 높은 산이 우뚝 솟아 있었다. 말 그대로 산 넘어 산이었다. 산과 산 사이는 깊은 계곡이고 벼랑 중간에 뱀의 몸통 같은 길이 뻗어 있다.

한 번도 가보지 않은 길을 걸으며 병사들은 불안해지기 시작했다. 길의 끝이 어딜까. 과연 한중까지 당도할 수 있을까. 설령 무사히 당도한다 하더라도 다시는 살아서 중원으로 되돌아가지 못할 것만 같았다.

희망이 없으면 나아갈 수가 없다. 날이 갈수록 도망자가 늘어났다. 집단을 이루어 도망치는 경우도 있었다. 진제국 죄인들의 귀양지였던 유형의 땅에서 생애를 끝마치느니 차라리 도망가는 편이 낫다고 생각한 것이다.

"병졸이 달아난다. 장수가 달아난다. 나도 도망치고 싶구나."

유방조차도 나약한 소리를 했다. 항우와 달리 유방의 체력은 나약했다.

"대왕께서 그런 말씀을 하시면 어쩌십니까. 그러시면 통솔이 되지 않습니다."

유방을 격려하고 질책하는 사람은 번쾌와 하후영이었다. 패현 시절부터 한시도 그의 곁을 떠나지 않은 인물들이다.

두 사람은 자꾸만 주저앉는 유방을 끊임없이 독려했다.

"지금이 가장 괴로운 때입니다. 비탈길을 다 올라가면 내리막길이 나옵니다. 오르막이 끝없이 이어질 리가 없잖습니까."

"포중까지 이제 얼마 남지 않았습니다."

번쾌도 하후영도 울고 싶은 심정이었다. 유방을 도와 온갖 고난을 겪어온 것도 세상에 이름을 날리는 인물이 되어 고향으로 돌아가고 싶었기 때문이다. 그런데 언제 돌아올지 모를 오지의 땅으로 가는 심정은 암담했다. 그런 심정은 유방을 따르는 소하와 조참 역시 마찬가지였다.

이제 며칠이면 포중에 당도하는 어느 날, 점심을 먹고 앉아 쉬고 있는 유방에게로 황망히 달려온 자가 있었다.

"승상인 소하께서 달아나셨습니다."

"뭐? 소하가 달아났어?"

유방은 입을 딱 벌렸다. 얼빠진 사람처럼 턱을 축 늘어뜨린 채였다.

"소하를 잡아라, 뒤쫓아라."

유방은 손을 휘저으며 어쩔 줄을 몰라했다.

소하가 없으면 유방의 군대는 붕괴되고 만다. 군량미의 보급, 군사의 충원, 행정과 치안, 군수물자 조달 등 전투를 제외한 모든 업무를 소하가 담당해왔다. 전투에서는 대신할 장수가 있지만 보급과 병참을 대신할 인물은 유방의 군대에서 아무도 없었다.

"나도 이걸로 끝인가……."

유방은 의기소침했다. 당황하고 불안한 빛이 역력했다.

이틀 후 소하가 돌아왔다.

유방은 반갑기도 하고 한편으로 화가 나기도 하여 질책하듯이 말했다.

"왜 달아났소?"

"달아난 것이 아닙니다. 도망친 자를 뒤쫓았던 것입니다."

"뒤쫓았다구? 거짓말 마오."

"사실입니다."

"누굴 뒤쫓았단 말이오?"

"한신이란 자입니다."

"한신?"

한신은 하급직인 치속도위(治粟都尉)여서 유방은 그의 존재를 몰랐다.

"도망친 장군이 수십 명인데도 그대는 아무도 뒤쫓지 않았소. 그런데 어찌하여 치속도위 따위를 뒤쫓았단 말이오."

"장군이 도망쳐도 대신할 장군은 얼마든지 있습니다. 그러나 한신 같은 사람은 천하 제일의 인재라고 해야 할 것이며 비길 데 없는 인물입니다. 대왕께서 언제까지고 한중의 왕으로 만족하신다면 한신을 꼭 기용치 않아도 됩니다. 그러나 반드시 천하를 손에 넣으시길 원하신다면 한신 말고는 달리 큰일을 꾀할 사람이 없습니다. 대왕의 방책이 어느 쪽으로 정해지느냐, 지금 이것만이 문제입니다. 한중왕으로 만족하느냐, 천하를 다투느냐에 따라 결정하셔야 합니다."

"나도 동쪽으로 치고나가 천하를 겨루기를 바라고 있지. 언제까지 틀어박혀 있을 수 있겠는가."

"그러시다면 무슨 일이 있어도 한신을 쓰셔야 됩니다. 중용하신다면 한신은 남아 있겠지만 그렇지 않다면 또 달아날 것입니다."

"그럼 좋다. 내가 귀공을 용서하고 그를 장수로 임명하겠다."

"장수만으로는 한신이 머물지 않을 것입니다."

"그렇다면 대장군은 어떨까."

"그 정도라면 됩니다."

유방이 즉시 한신을 불러 그 자리에서 대장군으로 임명하려고 하자, 소하가 또 말했다.

"이런 말씀 드려 죄송하지만 대왕께서는 원래 무인이시라 정치의 예절에는 아직 익숙지 못하십니다. 지금 대장군을 임명하시는데, 마치 어린애를 불러들이듯이 하신다면 한신을 놓치게 됩니다. 아무쪼록 길일을 택하여 목욕재계하시고 단상을 마련하시어 모자람 없이 예를 갖추고 예물도 올리는 것이 좋지 않을까 생각합니다."

"그래? 그럼 그렇게 하지."

충고가 당연하다고 생각되면 유방은 지극히 간단히 받아들인다.

이윽고 유방은 길일을 택해 흙을 돋우어 단(壇)을 만들었다. 대장군을 임명하는 의식을 거행하기 위해서이다

장군들이 단 앞에 늘어섰고 그 뒤로 수만의 병사들이 도열했다. 장군들은 각자 자기야말로 대장군에 임명되리라고 기대에 부풀어 있었다. 그러나 단상에 올라온 것은 이름도 없는 하찮은 관리인 한신이었다. 장군들도 병사들도 깜짝 놀랐다.

"한신이란 자가 누구야?"

"어디 출신이야?"

"대장군에 발탁되었으니 보통내기가 아니겠지."

한신을 아는 사람은 몇 명 되지 않았다. 더욱이 그의 잠재 능력을 파악한 사람은 유일하게 소하뿐이었다.

項羽劉邦

3. 천하명장 한신

"천하는 한 사람의 천하가 아니고,
천하는 천하를 위한 것이다."

—한신을 유방에게 적극 천거하면서 소하가 했던 말

가난한 병법 지망생 한신

한신은 초의 회음(淮陰) 사람이다. 집안이 가난하고 남의 눈에 띌 만한 선행도 없어 관리가 되지도 못했고, 또 장사를 하여 생계를 꾸릴 재간도 없어서 늘 남의 집에서 식객 노릇을 하고 있었다. 때문에 그를 싫어하는 사람이 많았다.

어머니가 죽었을 때 한신은 장례식조차 치르지 못할 정도로 가난했다. 공기가 건조하고 높은 땅에 어머니의 무덤을 만들며 한신은 장차 무덤 옆에 1만 호의 묘지기를 둘 수 있도록 묘역을 조성했다. 1만 호의 묘지기를 둘 수 있는 것은 왕후의 신분이다. 한신이 가슴 속에 품고 있는 소망은 컸던 것이다.

한신이 하향현 남창의 정장 집에 식객 노릇을 하고 있었을 때였다. 수개월째 기식이 계속되자 정장의 아내는 한신을 귀찮게 여겼던 듯했다. 어느 날 아침 부부는 침실에서 아침식사를 끝내 버린 채 식사 때가 되어 나타난 한신을 모르는 체했다. 한신은 그 저의를 알고 화를 내며 절교를 선언하고 그 집을 떠났다.

한신이 할 수 있는 일은 아무것도 없었다. 매일 회음의 성 밑에서 낚시질을 했다. 강에서는 몇 명의 노파가 명주천을 빨아 말리고 있었는데 그 중 한 노파가 한신이 굶고 있는 모양을 보고 가엾게 여겨 밥을 주었다. 그것이 수십 일 동안 계속되었다.

한신은 노파에게 감사하며 말했다.

"제가 장차 출세하면 언젠가 반드시 할머니께 이 은혜를 갚겠습니다."

그러자 노파는 화를 내며 꾸짖었다.

"대장부가 제 호구지책도 마련 못하다니 참으로 한심스럽구려. 나 비록 늙어 쇠퇴했지만 일하며 살고 있소. 나는 그냥 당신이 안쓰러워서 밥을 줬을 뿐이오. 은혜는 무슨 은혜란 말이오."

한신은 비록 의복이 허술했지만 늘 허리에 장검을 차고 다녔다. 검은 무인의 상징이다. 범속한 자와는 다른 무사라는 것을 세상 사람들에게 과시하고 싶었던 것이다.

어느 날 회음의 거리에서 성질 사나운 백정 하나가 한신에게 시비를 걸어왔다. 백정 패들은 평소 한신을 깔보고 있었다.

"이봐, 너는 몸집만 큰데다가 즐겨 장검을 차고 다니지만 사실은 겁쟁이지."

한신은 시비를 피해 떠나가려 했으나 젊은 백정은 바짝 가까이 붙어 놔주지 않는다. 사람들이 모여들었다. 백정은 더욱 신이 나서 많은 사람이 보는 앞에서 한신에게 창피를 주었다.

"야, 목숨을 내던질 배짱이 있으면 그 칼로 나를 찔러 봐. 그게 무서우면 내 가랑이 밑을 빠져나가라."

한신은 가만히 젊은이를 응시했다. 이윽고 고개를 떨구고 싸움에 진 개처럼 넙죽 엎드려 백정의 가랑이 밑을 빠져나갔다. 시장 거리의 사람들은 모두 한신을 겁쟁이라며 비웃었다.

한신은 무위도식하는 사람이었지만 게으름만 피우고 있었던 것은 아니었다. 회음의 거리나 가까운 마을의 옛집을 찾아가서 병법서를 빌려 읽었다. 당시의 서책은 주로 종이가 아닌 죽간(竹簡)이나 목간(木簡)에 쓴 것이었다. 운반이 어려웠기 때문에 장서가를 찾아가서 읽을 수밖에 없었다. 한신이 읽은 주요 병법서는 손자병법이었다. 손무(孫武)와 손빈(孫臏)이 지은 병법서이다. 오자(吳子)병법도 읽었다.

병법에 정통하여 장군이 되는 것이 한신의 장래 꿈이었다. 진의 천하통일이 이루어져 군현제(郡縣制)가 실시되고 있지만 진의 정치는 가혹하기 그지없다. 백성들의 원망과 탄식 소리가 천하에 가득 차 있다. 언제 반란이 일어날지도 모른다. 한신은 난세가 오기를 기대하고 있었다. 평화가 계속되면 서민이 일약 장군이 될 수가 없는 것이다.

마침내 난이 일어났다. 항량이 회수(淮水)를 건넌 다음, 한신은 그 휘하에 들어갔으나 두각을 나타내지 못했다. 항량이 전사하자 항우에게 속했다. 항우는 한신을 낭중(郎中)에 임명했다. 낭중은 왕을 가까이서 보필하는 관직이다.

한신은 가끔 항우에게 군사전략을 헌책했으나 번번이 받아들여지지 않았다. 항우는 스스로의 무용을 굳게 믿는 대장이다. 병법상의 기략, 기책 따위는 약자가 의지하는 것이라고 믿고 있다. 따라서 신하의 헌책 따위에는 귀를 기울이려 하지 않는다.

한신은 장군이 되고 싶었다. 장군으로 발탁되어 군을 지휘해 보고 싶었다. 자기가 배운 병법을 실전에 적용시켜보고 싶은 것이다. 한신에게는 이상형으로 삼는 장군상이 있었다. 밥솥의 계략을 써서 위군(魏軍)을 궤멸시킨 손빈이었다.

손빈은 제나라 태생으로서 친구인 방연(龐涓)의 간계에 빠져 발을 잘리는 형을 당한 사람이다. 양 발을 잃은 손빈은 수레를 타고 제군을 지휘했다. 계릉(桂陵)에서 방연이 이끈 위군을 맞아 이를 대파하고, 13년 후에는 다시 위군과 마릉(馬陵)에서 싸웠다. 제군을 뒤쫓는 위군을 손빈은 부뚜막 갯수로 속였다. 부뚜막을 10만개, 5만개, 3만개로 줄여나갔다. 도망병이 잇달아 생기고 있다고 판단한 위군은 제군을 급히 뒤쫓았다. 손빈은 방연이 지휘하는 위군을 마릉의 협애부(狹隘部)로 유인해 섬멸했다. 방연은 목이 잘렸다. 중국의 전사(戰史)에 남는 대승이었다.

손빈의 선조에 손무가 있다. 손무도 손빈도 모두 글을 썼다. 손무의 글은 병법의 기본을 설명한 것이고, 손빈은 손무의 병법에서 출발하여 이것을 실전용으로 응용한 독창성이 뛰어난 글을 썼다. 두 사람의 책을 합쳐서 〈손자병법〉이라고 한다.

손무보다는 조금 뒤늦게 초의 장군 오기(吳起)도 〈오자병법〉을 남겼는데, 한신은 손자와 오자의 병법서를 암기할 정도로 되풀이해서 읽었다.

천하가 난세가 되었으니 진승(陳勝)을 예로 들 것까지도 없이 운과 실력만 있으면 누구나가 왕후장상(王侯將相)이 될 수 있는 세상이다.

한신은 장군이 되어 군을 지휘해 보고 싶었지만 기회조차 주어지지 않으니, 항우 곁을 떠날 수밖에 없다.

항우는 패왕이다. 한왕이 된 유방과는 비교도 안될 만큼 그 존재는 크다. 한신에게 있어서 자기가 섬길 주군의 세력 따위는 아무래도 좋았다. 중요한 것은 자기를 등용해 주느냐 않느냐이다. 등용해 주면 자기 재능을 마음껏 발휘할 수 있는 것이다.

한신은 대군을 지휘하고 있는 자신의 모습을 상상해보곤 했다. 자기 같으면 이렇게 하리라, 저렇게 하리라 하고 상황을 설정하고 상황 여하에 따라서 갖가지 전투를 그려 본다. 거록(鉅鹿)의 싸움 때가 그러했다. 항우가 취한 과감한 행동이 한신이 그린 전투도 위에 겹쳐졌다. 조금도 틀림이 없이 딱 들어맞게 겹쳐졌던 것은 아니다. 빗나간 부분도 다분히 있었다. 빗나갔다는 의미는 한신이 상상한 것보다 항우는 훨씬 용맹한 장수인 것이다. 귀신의 환생이 아닐까 하고 생각될 정도였다.

싸우는 일에 있어서 항우보다 나은 용장은 고금을 통해서 없을 것이다. 그 밖의 일에 있어서는 항우는 마치 열두 살의 소년처럼 유치하다. 전략도 군략도 없다. 감정대로 행동한다. 신안(新安)에서는 항복한 군사 20만을 생매장했다. 홍문의 연회에서는 유방을 간단히 용서했다.

항우는 진의 수도 함양에 불을 지르고 약탈을 마음대로 했다. 항복한 진왕의 목을 치고, 진의 궁전을 불태우고, 시황제의 무덤까지 파헤쳤다. 점령지의 민심 따위는 추호도 염두에 없는 행동이다. 항우는 전투에는 굉장히 강하지만 패왕으로서 천하를 경륜하는 재능은 없는 것이 아닐까.

유방은 다르다. 진왕의 항복을 용납하고 궁전의 창고를 봉인하고 병졸의 약탈을 금했다. 진의 가혹한 법을 철폐하고 3장(章)으로 고쳐 백성을 편안하게 해주려고 힘썼다. 유방은 한중에 갇혔지만 정세 여하에 따라서는 관중으로 치고 나올지도 모른다. 그렇게 되면 진의 옛 주민들은 환영하여 유방을 맞이할 것이다.

한신은 항우 곁을 떠나기로 결심했다. 그리고 유방에게로 갔다.

한신, 유방에게 미래를 걸다

유방의 군대는 잡군이었다. 초나라 병사도 있는가 하면 위나 한(韓)의 병사도 있다. 한군에 귀속하기는 쉬웠지만 그래도 처음부터 높은 자리에 앉히는 것은 아니다. 한신에게 주어진 관직은 연오(連敖)라는 낮은 자리였다. 연오는 왕의 진중에서 잡역을 담당하는 역할이었다.

연오는 백명 가까이 되었는데 15명이 1조로 되어 있었다. 14인조가 있는가 하면 13인조도 있다.

한중으로 향하는 유방의 군대가 계곡의 벼랑에 걸쳐진 잔도를 건너가는 동안에 도망자가 잇따랐다. 어느날 밤, 한신이 속한 조의 병사가 죄를 범했다. 왕의 고리짝에서 큰돈을 훔친 것이다. 도망하려면 돈이 필요하니까 여비로 삼을 생각이었으리라.

죄는 전 조원에게 미친다. 14명이 연좌제에 의해 참형에 처해지게 되었다.

처형의 입회인은 소평후 하후영이었다. 13명이 차례로 목이 잘리고 마지막에 한신의 차례가 되었다. 한신이 고개를 들고 둘러보니 몇 걸음 앞에 하후영의 얼굴이 보였다. 한신은 하후영을 노려보며 큰 소리로 외쳤다.

"한왕은 천하의 대업을 이루기를 바라시지 않았던가. 쓸모있는 사내를 치려 하다니, 무슨 짓인가!"

대담한 말에 놀란 하후영이 한신의 얼굴을 물끄러미 보았다. 날카로운 눈빛하며 훌륭하고 씩씩한 체격하며 보통 사내가 아니다.

'죽이기는 아깝다.'

하후영은 한신의 죄를 사면해주고 포승을 풀어주었다.

한신과 얘기해 보니 탁월한 식견을 가지고 있다. 하후영은 기뻐하며 유방에게 추천했다.

유방은 한신을 불렀다. 한신은 물 만난 고기처럼 병법과 전술에 대해 열변을 토했다. 유방은 그의 전략전술을 듣고 감탄사를 연발했다. 그 자리에서 한신에게 치속도위 직책을 내려주었다.

그러나 한신은 기뻐하기는커녕 오히려 낙심했다. 그의 머릿속에 그려지는 무수한 전투와 전략을 현실에서 적용시켜보기에는 너무 하찮은 관직이었다.

치속도위는 곡식과, 재화를 관리하고 짐을 지고 잔도를 건너는 군사들을 격려하는 일이었다. 한신은 매일 아침 우울한 기분으로 군사 수를 헤아리며 간밤에도 병졸들이 식량을 훔쳐 달아난 것을 알고는 자신 역시 그렇게 하고픈 심정이었다.

군량미의 운반 등 병참 업무 일체를 관장하는 것은 승상인 소하이다. 치속도위는 소하의 관할하에 있었기 때문에 한신은 소하와 접할 기회가 많아졌다.

소하는 한신과 대화를 하는 동안 그의 재능과 덕량이 비범함을 간파했다. 전략, 전술에 탁월한 식견을 가지고 있다. 서초의 패왕을 칭한 항우는 천하의 주군이 될 수 없다고 한신은 말한다. 그럼 항우를 대신하여 천하를 제패할 사람은 누구인가.

두 사람은 틈만 나면 그 일로 담론했다.

소하가 한신에게 물었다.

"치속도위가 불만인 모양인데 귀공은 어떤 관직을 바라는가?"

"대장군이 되어 군을 지휘하는 것입니다."

한신은 솔직하게 자기 희망을 말했다.

"한왕의 군에는 실전에 뛰어난 지휘관이 없습니다. 그 때문에 이길 수 있는 싸움을 놓친 경우가 많았던 것입니다. 본영에 있으면서 전략을 짜내고, 승리를 천리 밖에 결정하는 분으로 장량님이 계십니다. 군의 후방에서 병참과 군정을 담당하여 전선의 병사로 하여금 뒷일의 근심없이 싸우게 하는 이에 소하님이 계십니다. 그러나 전장에서 대군을 지휘할 장군이 없습니다. 이것이 한왕군의 결점입니다. 저에게 대군을 지휘하게 해주시면 한왕께 천하를 차지하도록 해 보이겠습니다."

'터무니없이 허풍을 떤다.'

소하는 그렇게 생각했다. 하지만 지금까지 몽상조차 하지 못한 새로운 세계가 펼쳐지는 것 같은 생각도 들었다. 듣고보니 한신의 지적이 옳았다. 한군에는 무엇인가가 부족하다. 한왕이 한중에서 치고 나가 관중을 빼앗고, 중원의 사슴을 쫓기에는 부족한 것이 있다고 소하 역시 불안에 사로잡힐 때가 있었다. 그 부족한 데를 한신이 채워주겠다는 것이다.

'혹시 하늘이 한왕을 위해 한신을 보내 주신 것이 아닐까. 유방은 천운을 타고난 사람이니까 하늘의 가호일지도 모르겠다.'

천하는 한 사람의 천하가 아니고 천하는 천하를 위한 것이다. 천하는 하늘로부터 내려지는 것이므로 하늘의 은총을 받는 자가 아니면 천하를 차지할 수 없다. 유방은 하늘의 은총을 받고 태어난 사람이다. 한신 역시 유방이 천하 통일을 돕도록 하늘로부터 파견된 것이리라. 13명이 참수당하고 유일하게 한신만 살아 남았다는 것도 기적이라고밖에는 말할 수 없지 않은가.

'한신은 장군이 되도록 하늘이 내려주신 사람이다.'

'하늘의 뜻을 거역해서는 안 된다.'

소하는 한신을 장군으로 삼고 싶어했다. 그것도 대군을 지휘하는 대장군으로 삼고 싶다. 장량과 한신, 그리고 소하 세 사람이 한왕을 보필하여 천하를 차지하는 것이다. 그것은 불가능하지 않다. 항우의 논공행상에 불만을 가진 제후가 많아 천하가 다시 어지러워질 공산이 크다.

'해 보자!'

소하는 끓어오르는 열정을 억누를 수가 없었다. 가슴이 뛰었다.

"귀공을 대장군에 임명해 주시도록 내가 대왕께 진언해 보겠소."

"잘 부탁드립니다."

한신은 머리가 땅에 닿도록 절을 하고 감사의 뜻을 나타냈다.

소하는 기회를 봐서 유방에게 한신을 추천했다. 그러나 유방은 한신을 그 정도의 인물이라고는 생각지 않고 있다. 장군으로 발탁하려 하지 않았다. 그것은 당연하다. 항량과 항우 밑에서도 두각을 나타내지 못했던 자가 한군에 귀속했다고 해서 특별한 활동을 하리라고는 생각지 않았던 것이다.

소하는 그래서 한 가지 계책을 생각해냈다. 한신이 출중한 재능의 소유자라는 것을 유방에게 인식시켜야 했다. 그렇게 하려면 입으로 말해봐야 소용이 없다. 행동으로 보여 주어야만 한다.

"대왕은 좀처럼 귀공을 장군으로 발탁해주시려 하지 않소. 그래서 내가 생각해냈는데, 귀공이 도망해 보는 게 어떻겠소?"

"도망치다니요?"

한신은 반문했지만 놀란 기색은 아니었다.

솔직히 한신은 내심 도망할 생각도 갖고 있었다. 소하와 하후영이 연달아 추천해도 한왕은 자신을 중용해 주지 않는다. 한왕 역시 항왕과 마찬가지로 인재를 알아보는 눈이 없는 것이다. 그렇다면 한왕을 따라 한중에 들어가는 것은 어리석은 일이다, 라고 생각하던 참이었다.

"귀공은 달아나는 거요. 한신이 도망쳤다, 그래서 승상 소하가 뒤쫓는다."

"승상께서 저를 뒤쫓아요? 무엇 때문입니까?"

"소하가 도망쳤다는 것을 알면 대왕은 놀라고 당황할 것이오. 나는 전투에는 참가하지 않지만 군의 후방에서 식량 보급을 맡고 있소. 말하자면 표면에 나서서 공을 세우지는 않지만 나를 대신해서 병참과 보급 업무를 맡아 할 수 있는 사람은 없소. 대왕은 소하를 붙잡으려고 뒤쫓을 것이오. 이윽고 소하는 한신을 데리고 돌아오는 거요. 소하는 정말 달아난 것이 아니라 한신을 데려오려고 뒤쫓은 것이오. 그런 줄 알면 한왕은 놀라 한신이 그만큼 뛰어난 인물인가 하고 인식을 달리할 것임에 틀림없소. 그래서 장군으로 발탁해 줄 것이오."

"고맙습니다. 그렇게 해주십시오."

한신은 소하의 손을 받들 듯이 잡고 감사의 말을 했다.

"달아나겠습니다. 잘 부탁드립니다."

한신은 그날 밤에 도망했다.

아침이 되어 그 사실을 알자 소하는 유방에게 보고도 하지 않고 한신을 뒤쫓아 데려왔던 것이다.

민심을 얻어야 천하를 얻는다

유방은 한신을 대장군에 임명한 후에 단 위로 올라온 그에게 물었다.

"승상 소하가 번번이 그대를 천거했는데, 그대는 어떤 계책을 나에게 가르쳐줄 수 있단 말인가."

한신은 큰절을 하고 나서 말했다.

"지금 대왕께선 중원을 향하여 천하의 대권을 겨루십니다. 그 상대는 항왕뿐이 아니겠습니까."

"그건 그렇지."

문답의 형식이었다. 자신의 의견이나 포부를 개진하는 데에 문답체를 쓰는 것은 전국시대의 종횡가(縱橫家) 소진(蘇秦)이 시작한 화법이다. 나중에 유교시대에 와서 신하가 주군에게 질문하는 경우는 없지만, 진의 시대를 거쳐 그대로 답습되고 있던 당시로서는 무례한 행동이 아니었다.

"대왕께서는 용맹성과 어질고 강한 점에서 항왕과 어느 쪽이 우월하다고 생각하십니까."

한참 동안 잠자코 있던 유방이 웃으며 대답했다.

"내가 항왕을 따를 수 없지."

그러자 한신은 다시 올려다보며 말했다.

"저도 그렇게 생각합니다. 저는 전에 황왕을 모신 적이 있으므로 그 인품을 잘 알고 있습니다. 제가 본 항왕의 인품을 말씀드리겠습니다."

한신은 눈에 광채를 띠며 말했다. 거의 무아지경이 되어 신들린 듯이 자신의 생각을 쏟아냈다.

"항왕이 노기를 품고 질타할 때에는 천 명이 넓죽 엎드릴 정도로 격합니다. 하지만 현명한 장수를 믿고 일을 맡길 줄 모르기 때문에 그것은 필부의 용(勇)에 지나지 않습니다."

"필부의 용이라……."

"또 항왕은 사람을 대면할 때 공손하게 자애 넘치는 얼굴을 하면서 말씨도 부드럽고, 혹 그 사람에게 병이 있거나 하면 눈물을 흘리면서 위로의 말을 건넵니다. 그러나 공로가 있어 봉작(封爵)을 내릴 때에는 도장 주기를 꺼립니다. 이것은 아녀자의 인(仁)이라고나 해야 할 것입니다."

항우를 아녀자의 인이라고 하는데야 유방도 기분이 나쁘지 않았다.

"그래서?"

"또 항왕은 천하를 제패했다고 외치며 관중을 버리고 팽성에 거처를 두고 있습니다. 또한 주군인 의제(義帝)와의 약속을 저버리고, 논공행상에 있어서 공정치 못하고 사사로운 정을 개입시키는 등 공평치 않습니다. 제후들 역시 항왕이 의제를 강남으로 내쫓은 것을 본받아 자기 나라로 돌아가면 너도나도 주군을 내쫓고 토지를 빼앗아 왕이 될 것입니다. 그 때문에 항왕이 지나간 땅은 모두 황폐해버리고 온 세상 사람들이 항왕을 원망하며 진심으로 복종할 생각은 없이 오직 그 위세에 복종하는 척하는 것입니다. 그러므로 패자(霸者)라곤 하지만, 실제론 천하의 인심을 잃고 있습니다. 그러므로 항왕의 위세는 언제라도 꺾일 수 있는 취약한 것입니다."

유방은 무릎을 굽혀 한신에게 가까이 다가갔다 일어섰다 하면서 열심히 귀를 기울였다.

"지금 대왕께서는 항왕과는 반대로 용감한 무사들을 믿고 등용하시면 어찌 멸망시키지 못할 적이 있겠습니다. 또 천하의 성읍(城邑)을 공 있는 신하에게 주신다면 누구라도 진심으로 복종하지 않을 자가 있겠습니까. 싸울 명분이 있는 데다 고향으로 돌아가기를 바라는 병사들을 거느리시면 어찌 물리치지 못할 적이 있겠습니까."

유방은 몸을 숙여 한신과 눈높이를 맞추고 경청했다. 그 표정은 진지했고 눈에서는 빛이 났다.

한신은 유방이라는 사내의 매력에 점점 빠져들어갔다. 처음에는 자신의 생각이라곤 없는 멍청한 사람이 아닌가 생각했지만 차츰 진흙으로 빚은 커다란 항아리처럼 느껴졌다. 어떠한 헌책이나 사람도 유방이라는 큰 그릇 속에 들어가면 용해되어 버리는 느낌이었다.

"항왕이 살육한 인명은 헤아릴 수 없을 정도입니다. 신안(新安)에서는 진의 포로 20여만 명이 생매장 당하였으며 겨우 장한, 사마흔, 동예 장군만이 목숨을 구했습니다. 그래서 이 세 사람에 대한 진나라 백성들의 원한이 뼈에 사무치고 있습니다. 지금 초는 이 세 사람을 왕으로 세웠지만 진의 백성들은 따르지 않습니다."

유방은 흥미로운 표정으로 한신의 말을 들었다.

"이에 반해 대왕께서는 관중에 입성하셨을 때에는 전혀 백성을 해치지 않았고, 진의 가혹한 법령을 폐지하고 진의 백성과 겨우 3장의 법을 약속했을 뿐입니다. 진의 백성으로서 대왕을 진의 왕으로 받들기를 바라지 않는 사람은 없습니다. 제후와의 약속에 의하면, 대왕께서 관중왕이 되신다는 것을 백성들은 모두 알고 있습니다. 그런데도 항왕 때문에 관중왕이 되시지 못하고 파·촉·한중으로 가시는 것을 진의 백성은 모두 한스럽게 생각하고 있습니다. 그러므로 대왕께서 일어나셔서 동쪽으로 진군하시면 격문을 전하는 것만으로도 평정할 수 있을 것입니다."

유방은 매우 기뻐하며 말했다.

"내가 장군을 알기가 너무 늦었던 것 같소."

이 말은 거짓없는 심경이었을 것이다.

이렇게 해서 천하통일의 기둥인 소하, 장량, 한신 3걸이 유방에게 모인 것이다.

정보를 믿지 말라

유방의 군사들은 간신히 한중으로 들어섰다. 이미 관중으로 통하는 잔도를 불태워버림으로써 항우는 물론 장한 장군마저 안심시켰다.

이제 유방은 한신이라는 두뇌를 얻었다. 힘없이 쫓기듯 유폐지와 다름없는 한중 땅에 갇혀 있을 수만은 없었다. 그런 생각을 행동으로 옮기게 해준 것이 한신이었다.

한신은 우선 구도로를 정비했다. 태령산맥을 서쪽으로 크게 우회하여 관중 땅 진창(陳倉)으로 통하는 옛길은 흔적만이 남아 있었다. 진창은 위수 연안에 있는 곳으로 옛 진제국의 수도인 함양의 인구를 먹여살릴 식량을 저장하는 창고가 있었다. 지금은 장한이 다스리는 땅으로 여전히 식량 창고가 있다.

그러나 구도로는 지금은 파괴되어 수레나 사람이 다닐 수 없을 정도로 흙이 쌓여 있었다.

한신의 지휘 아래 대대적인 도로 복원공사가 시작되었다.

"우리는 이 길을 지나서 관중으로 치고나가는 거야."

"우리는 산동의 고향으로 돌아갈 수 있다."

병사들은 고향으로 돌아가고 싶다는 바람으로 밤낮을 가리지 않고 열심히 일했다. 그런 병사들을 독려하며 한신은 대공사를 놀랄 만큼 빨리 진척시켰다.

드디어 구도로가 복원되었다.

유방은 파, 촉, 한중 땅에 소하를 남겨두어 군정과 치안을 맡겨두고 몸소 군사를 이끌고 구도로를 타고 북상했다. 공격 목표는 진창이다. 선봉대장은 한신이었다.

유방을 견제하기 위해 관중왕으로 임명된 장한은 그곳 지리에 밝았다. 한중에서 관중으로 통하는 잔도마저 없어졌으니 유방이 외부 세계로 나온다는 것은 불가능하다고 믿고 경계를 풀고 있었다.

진제국 말 야전부대를 지휘하던 장한은 정보 수집이 장기였다. 적의 움직임을 사전에 알고 급습, 섬멸하여 이름을 떨쳤다. 명장으로 이름을 날렸던 장한은 옹왕에 봉해지고부터 사람이 달라졌다. 얼굴 표정이 험상궂어지고 사소한 일에도 흥분했다. 술에 취해서 곁에 있는 신하를 칼로 치려다가 상처를 입힌 일도 있었다.

유방의 군대가 진창에 육박해온다는 보고를 받고 처음에 장한은 호통을 쳤다.

"그런 엉터리 같은 소리를 어디서 들었단 말이냐!"

유방의 군사가 진창을 포위해서야 사태를 깨닫고 장한은 직접 병사를 이끌고 출격했다.

그의 머릿속에는 유민 출신의 유방 따위는 한방에 날려버릴 수 있다고 자신했다. 그러나 고향으로 돌아가기를 열망하며 죽을 힘을 다해 싸우는 유방의 군사들은 생각보다 강했다. 장한은 오히려 쫓겨 도망치는 신세가 되었다.

한신이 끝까지 추격해오자 장한은 폐구 근처에서 스스로 목숨을 끊었다.

관중 사람들은 환호성을 올리며 유방을 환영했다. 항우군의 약탈과 방화로 함양의 거리는 잿더미가 되어 있었다.

소하는 바빠지기 시작했다. 예전 함양에 입성했을 때 다들 아방궁의 보물에 눈을 번득였을 때도 그는 맨 먼저 부고로 가서 행정 서류들을 확보했었다. 그때의 서류들이 이제 제 몫을 할 시기였다.

그는 서류를 점검하고 옛 진제국 출신들을 관리로 등용하고 각 지역의 부로들을 찾아가 지역의 사정을 듣고 분석하여 유방으로 하여금 선정(善政)을 할 수 있도록 기반을 다지고 여론을 조성하는데 분주했다.

그는 역사상 최고의 행정의 달인이었다. 막강한 실권을 가지고 있었으면서도 욕심이 없었고, 윗사람이나 아랫사람에게 신뢰와 존경을 받는 청렴한 관리의 표본이었다. 유방은 소하에게 모든 것을 맡겼다. 사적인 세력을 만들지 않고 사리사욕을 챙기지 않는 그의 성품을 믿었기 때문이었다.

부로들의 권유로 유방은 관중왕에 올랐고 나라의 이름을 '한(漢)'이라고 지었다.

논공행상은 공평하게

항우의 논공행상에는 여기저기서 불만의 후유증이 생겨났다. 항우는 마음에 드는 사람만 제후로 삼고 자칭 왕이라 주장하는 자는 격을 낮추어버렸다. 제(齊)의 전영(田榮), 조(趙)의 진여(陳余), 양(梁)의 팽월(彭越) 등이 그러했다.

유방이 한중 땅에서 관중으로 치고나오는 것과 거의 때를 같이하여 제의 전영이 항우에게서 등을 돌렸다. 전국시대 제나라의 왕족은 전씨였다. 진나라 말기 국외로 나가 있던 전영이 귀국하여 스스로 왕위에 오른 전가(田假)를 축출하고 전시(田市)를 왕으로 추대하고 자신은 재상이 되었다.

항우는 제나라의 실력자인 전영을 싫어했다. 숙부 항량이 싸울 때 지원을 요청해도 오지 않았다는 이유에서였다. 그 때문에 숙부가 죽은 것이라 생각했다.

항우는 전영이 왕으로 내세운 전시를 제후로 격하시키고 자신이 거록에서 싸울 때 소규모 부대를 이끌고 찾아온 무명의 장수 전도를 제나라 왕으로 앉혔다.

전영은 크게 반발했다. 즉시 전도를 죽이고 스스로 왕에 올랐다.

양의 땅에서도 항우에게 반기를 드는 실력자가 있었다. 팽월이었다. 1만명을 거느리고 있었던 팽월에게 항우는 영토를 주지 않았다. 팽월은 부하들을 거느리려면 도둑질을 하든지 어느 왕에게 귀속하지 않으면 안 되었다.

제왕 전영은 사자를 보내어 팽월에게 장수의 인수(印綬, 인과 인끈)를 주었다. 항우에 대항하려면 우군을 늘려야 했던 것이다. 팽월은 양의 땅에서 항우의 초군에 반기를 들었다. 이에 호응해 조(趙)의 진여도 항우에 반기를 들었다.

이런 소식에 누구보다도 기뻐한 사람은 유방이었다.

사방에서 등을 돌리자 항우는 제를 토벌할지 조를 토벌할지 갈피를 잡지 못했다. 그런데다 관중의 유방도 눈엣가시였다. 팽성에 구금해놓은 한왕(韓王) 성(成)의 처리 문제도 남아 있다. 본래 성의 신하인 장량이 유방을 편들고 있으니 한왕도 처치해야 한다.

장량이 한중으로 들어가는 유방 일행에서 떨어져 나오면서 잔도를 불태우고 옛주군을 찾았을 때 한왕 성은 이미 항우에게 납치된 뒤였다. 성을 구출하려면 장량 단독의 힘으로는 어려운 일이다. 결국에는 유방의 힘을 빌려야 할 것이었다. 그러려면 항우의 공격이 유방을 향하게 해서는 안 되었다.

장량은 항우에게 서신을 보냈다.

"유방님이 병사를 이끌고 한중 땅을 나온 것은 오직 관중이 필요하기 때문입니다. 이것은 애당초의 약속이므로 유방님께 관중을 주시면 그에 만족해서 결코 함곡관을 벗어나 대왕님의 판도를 넘보지 않을 것입니다."

그와는 별도로 장량은 제의 왕 전영과 조의 진여가 교환한 밀서를 거짓으로 꾸며 항우에게 전달했다. 밀서의 내용은 조와 제가 힘을 합쳐 초를 치자는 것이었다.

항우의 참모 범증은 밀서에 의문을 가졌다.

"이 글은 이상합니다. 아마도 적측의 누군가 쓴 것이겠지요."

초의 공격을 제로 향하게 만들려는 책략이라고 범증은 생각했다.

항우 역시 밀서를 수상쩍게 생각했지만 유방 따위가 관중으로 나오는 것을 두려워할 그가 아니었다. 먼 서쪽의 관중을 치기보다 가까운 제를 먼저 치기로 결정했다.

그 무렵 항우가 한왕 성을 죽였다. 그 소식을 들은 장량은 분노의 눈물을 삼키며 단신으로 탈출해 유방에게로 갔다.

유방은 장량에게 애도의 뜻을 표했다.

"정말 애석한 일이야."

한왕 성의 죽음 애도했다기보다 장량의 슬픔을 애도했다.

유방은 장량을 성신후(成信侯)로 삼고 늘 곁에 두었다. 전체적인 전략은 장량이 짜고 총사령관은 한신이 맡고 후방의 보급과 병참 일체는 소하가 맡았다. 중국 역사상 이 세 사람만큼 멋진 팀플레이를 이룬 예는 없었다.

유방이 천하를 통일하고 한제국을 세울 수 있었던 것도 이들 세 사람 훌륭한 참모가 없었으면 불가능한 일이었다.

적도 우군도 아닌 자가 천하에는 많다

항우에게도 우군은 있었다. 그중에서도 가장 의지하는 사람이 구강왕 경포(黥布)였다. 경포는 용맹하여 항량의 휘하에 있을 때부터 항상 초군의 선봉을 맡았다. 항우는 제로 출병할 즈음 경포에게 출진을 촉구했다.

그러나 경포는 병을 핑계로 자신은 가지 않고 부하 장수와 병사

4천을 파병했다. 경포는 이미 중년을 넘어서고 있었다. 한창때인 항우와 함께 뛰다가는 몸이 견디지 못한다. 굳이 사서 고생하고 싶지 않았다.

서민에서 왕에 오른 경포는 호사스런 생활을 마음껏 즐기고 싶기도 했지만 항우의 명령을 받는 것은 질색이었다.

같은 왕이라곤 해도 항우는 서초의 패왕이 아닌가. 항우는 천하의 제후를 끌어모을 만큼 힘이 있다.

그러나 경포는 항우가 패왕의 자리를 오래 유지하지 못할 것이라고 보았다. 항우에겐 덕은커녕 잔인함만 있을 뿐이다. 힘만이 항우의 신조인 것 같았다. 자기를 따르는 자에게는 한없이 자애롭지만 따르지 않는 자는 용서하지 않는다. 항우에게는 적이냐 우군이냐 하는 두가지 색깔밖에 없었다. 적도 우군도 아닌 자가 천하에는 많은 법이다. 그때그때의 정세에 따라 우군이 되기도, 적이 되기도 한다. 항우와 같은 단순한 이분법으로는 천하를 차지하지 못할 것이다.

싸움에서는 항우를 당할 자가 없다. 그러나 싸움만으로 천하를 이끌지 못한다. 그렇다면 항우 대신 천하를 차지할 자가 누구인가? 유방일까?

유방은 싸움에 약하다. 유방이 천하를 차지한다면 경포라고 못할 리가 없다. 때와 운을 잘 만나면 누가 천하를 차지해도 이상할 것이 없다.

"당분간 상황을 지켜보기로 하자."

경포는 이러한 생각으로 항우의 출병 요청을 피하고 안락한 생활을 즐기고 있었다.

도망의 달인 유방

관중의 관문 함곡관을 나와 유방은 동쪽으로 군을 진군시켰다. 하남왕 신양이 항복했다. 항우에게 죽임을 당한 한왕(韓王) 성에 이어 왕위에 오른 정창이 항복하지 않아 한신에게 명하여 이를 치게 했다. 정창은 패하여 초로 달아났고 새로운 한왕 자리에 신(信)을 세웠다.

유방은 적의 제후로 병사 1만 명을 이끌고 항복하는 자, 1개 군(郡)을 이끌고 항복하는 자는 1만호의 읍에 봉한다고 포고했다. 그리고 서민들의 출입을 금지한 진제국의 직할지를 농민들에게 개방하여 백성들에게 경작토록 했다. 백성들이 기뻐했다. 이렇게 민심을 얻고 세력 증대를 꾀했다.

유방이 계속 동진하여 황하의 서쪽 임진에서 강을 건널 즈음 위왕(魏王) 표(豹)가 병사를 이끌고 귀속했다. 표는 항우로부터 받은 봉토에 불만을 갖고 있던 터여서 쉽게 초를 등졌던 것이다. 이어 은왕 사마앙이 복속해왔고 가는 곳마다 힘들게 싸우지도 않고 세력을 넓혀갔다.

'내가 이렇게 이겨도 되는 걸까?'

예전의 유방이라면 늘 패하고 도망하는 일이 다반사였다. 한신을 손에 넣고부터 생긴 변화였다. 한신의 군사 통솔력은 유방도 찬탄을 금치 못했다.

어느날 유방은 한신의 막사로 찾아가 그를 칭찬했다. 그러나 한신은 전혀 기뻐하지 않았다. 한신은 치밀한 작전을 짜서 적을 물리칠 생각이었지만 결과는 언제나 적이 스스로 항복해 들어왔다. 한신으로서는 불쾌하고 자존심 상하는 일이었다. 전투란 자신의 재능과 상관없는 일이 아닐까 하는 회의마저 들었다.

"제 힘이 아닌 것 같습니다."

"그럼 누구 힘인가?"

한신은 무뚝뚝한 표정으로 입을 다물고 있다가 한참 만에 입을 열었다.

"전투란 마치 살아 있는 생물과 같습니다. 이번 전투에서 저는 양을 쫓는 양치기보다도 못했습니다."

유방은 한신을 특이한 장수라고 생각했다.

유방의 군대는 황하를 건너 낙양에 이르렀다. 함곡관을 나선지 한달쯤 되는 무렵이었다.

부로 중 한 사람인 동공(董公)이란 자가 유방에게 호소했다.

"항왕이 그 주군인 의제를 강남 땅에서 죽였습니다. 대왕께서는 알고 계십니까?"

"자세히 말해보시오."

유방은 이미 의제의 죽음을 알고 있었지만 부로의 말을 경청하는 자세로 되물었다.

"의제가 장사군의 침현으로 가는 도중, 항왕이 그 뒤를 쫓게 하여 강남의 어딘가에서 살해한 듯합니다. 이같은 비도(非道)가 용서되어도 좋을까요?"

"용서되어서는 안될 일이오."

"항우는 무도한 짓을 저지르고 주군을 살해한 천하의 적입니다. 무릇 인(仁)이 있으면 용(勇)을 쓰지 않고, 의(義)가 있으면 힘을 쓰지 않는 법입니다."

"잘 알려주었소."

유방은 예식대로 왼쪽 어깨를 드러내놓고 크게 곡을 했다. 그 모습을 본 부로들은 감동하지 않을 수 없었다.

사흘을 근신한 후 각 제후에게 격문을 보냈다.

"천하의 제후는 의제를 초왕으로 모시고 평화스런 세상이 오기를 바라고 있었다. 지금 항우가 초왕을 강남으로 쫓아낸 다음 죽인 것은 대역무도한 짓이다. 내가 자진해서 초왕을 위해 초상을 치르기 위한 상주가 되려고 하니 제후들은 한사람도 빠짐없이 흰색 상복을 입고 사졸들을 데리고 남쪽 강한(江漢, 장강)에 와서 그 죽음을 애도하자. 바라건대 우리 모두 초왕을 죽인 항우를 치도록 하자."

격문의 내용은 항우에 대한 선전포고이자 제후들에게는 출동을 촉구하는 동원령이었다.

유방과 그를 따르는 군사들은 초의 수도 팽성을 향해 진군했다. 의제를 살해한 적을 치는 것이므로 천하의 의로운 군대였다. 그런 명분 앞에 제후들도 동참하지 않을 수 없다. 진군함에 따라 병력의 숫자가 늘었다. 양의 성읍인 외황(外黃)에 도착하자 팽월이 군사 3만을 이끌고 합세했다.

유방이 팽월에게 말했다.

“팽 장군은 위의 땅을 공략하여 10여 개 성을 손에 넣었소. 그리고 위왕의 자손을 왕으로 세우려 한다고 들었소. 서위왕 표도 위왕의 자손이오. 따라서 위의 상국으로 임명하오.”

팽월은 기뻐하지 않았다. 유방은 팽월이 무엇을 바라고 있을까 생각했다. 남에게 종속되기를 싫어하는 인물이라는 것을 생각해내고 다시 말했다.

“위의 땅을 장군의 처분에 맡기겠소.”

그러자 팽월이 기뻐했다. 공략한 성읍이 자기 영지가 되기 때문이다.

외황에서 팽성까지는 평원을 지나는 길이었다. 항우의 근거지 팽성이 가까워지자 유방군은 56만이라는 대군으로 커졌다. 그중 유방의 직속군은 10만에 불과했다. 제후의 군사를 합친 혼성군이라곤 하지만 예상을 훨씬 뛰어넘는 대군이다.

제후들은 유방군의 수가 적음을 알고 걸핏하면 무시했다. 술에 취하면 “유방!”하고 이름을 부르는 자도 있었고 노골적으로 “유방은 패의 건달이 아닌가.”하고 내뱉는 자도 있었다. 그래도 유방은 화를 내지 않고 술에 취해 노래를 흥얼거렸다.

출신 성분이 각기 다른 56만의 병사들은 질서도 없고 통제도 되지 않았지만 쉽게 팽성 공략에 성공했다. 항우가 초군을 모조리 이끌고 제를 공략하러 출진했기 때문에 빈집에 쉽게 들어간 셈이었다.

팽성은 화북의 요충지로서 인구가 많고 거리는 번화했다. 부유한 상인과 부자집이 처마를 잇대고 늘어서 있었다. 병사들은 그 집들에 들어가 금품을 빼앗고 여자를 범했다.

초왕의 궁정에는 항우가 함양에서 가져온 보물과 미녀들로 가득했다. 유방은 날마다 술에 취해 미녀를 껴안고 살았다. 그 모습은 예전 건달 시절의 유방의 모습이었다.

항우가 출전하고 있는 제의 전장에서 팽성까지는 7~8일 걸리는 거리이다. 흩어져 있는 군사들을 모아 돌아오려면 상당한 시일이 걸릴 것이다. 그런데다 유방의 혼성군은 56만 대군이다. 아무리 항우군이라 해도 쉽게 당해내지 못할 것이다. 이런 생각에 유방과 제후들은 여유만만했다.

항우에게 팽성 함락 소식이 들어갔다. 항우는 눈에서 불꽃이 일었다. 즉각 3만을 뽑아 팽성을 향해 급행군했다.

책사 범증이 항우에게 진언했다.

"동맹군은 팽성 동쪽에서 공격에 대비할 것입니다. 군을 서쪽으로 돌려주십시오."

항우는 수긍하여 우회하여 팽성 서쪽에 이르렀다. 항우군은 순식간에 팽성에 밀어닥쳤다. 하늘에서 내려왔는지 땅에서 솟았는지 알 수 없는 초군의 출현에 성내는 일대 혼란에 빠졌다.

총지휘관이 없는 혼성군은 숫자만 대군이지 오합지졸과 같다. 아무도 초군과 맞서려 하지 않고 서로 달아나기에 바빴다. 더구나 상대는 귀신보다도 무서운 항우가 아닌가. 싸울 때가 아니다.

꿈에도 생각지 않은 서쪽 공격을 받고 유방의 동맹군은 삽시간에 격파당하고 뿔뿔이 흩어졌다.

유방군과 동맹군 중 달아날 곳을 잃고 성 아래로 흐르는 강물에 떨어져 익사한 자가 10만이 넘었다. 56만의 군대는 바람 앞의 한줌 재에 불과했다.

항우군은 유방을 찾아내 3중으로 포위했다. 유방은 고비고비마다 살아남았던 자신의 운명도 여기서 끝나는가 싶었다.

그때 갑자기 어디선가 큰 바람이 휘몰아쳐왔다. 바람은 나뭇가지를 꺾고 지붕을 날리고 모래를 날려 한낮인데도 암흑 천지가 되었다. 동남쪽에서 유방군을 공격하던 초군은 바람을 정면으로 받아 눈을 뜰 수도 없었다. 그 때문에 대오가 흐트러졌고 유방을 포위한 군사들 사이로 틈이 벌어졌다.

유방은 재빨리 몇 명의 부하와 함께 말을 달려 가까스로 포위망을 뚫고 탈출했다. 구사일생이었다.

유방은 북쪽을 향해 달아났다. 팽성 북쪽 170리 지점에 자신의 고향 패가 있다. 그곳에 있는 가족들을 데려오라고 부하 심이기(審食其)를 보냈는데 이제 가족들마저 초군에 잡힐 우려가 있었다. 패로 달려가서 가족을 구출해 달아나야만 했다.

자식도 버릴 수 있는 결단력

유방은 패를 향해 말을 몰았다. 말의 고삐를 잡은 사람은 하후영이었다. 하후영은 등공이라는 제후의 신분이었으나 스스로 마부역을 자청했다. 위태로운 상황에서 유방을 구해야만 했다.

유방이 북쪽으로 도망친 사실을 알고 항우는 기병대에게 추격케 했다. 패로 가는 유방의 뒤를 한군의 패잔병들이 따르고 있어 이들을 쫓아버리면서 전진해야만 한다.

항우의 기병대 일부는 샛길로 갔다. 먼저 패에 들어가 유방의 가족을 체포하기 위해서였다.

유방에 패에 도착한 것은 심이기가 가족들을 마차에 나누어 태우고 도망친 뒤였다. 마차를 몰고 돌아다니는 사이에 아들 영(盈)과 딸 노원(魯元)을 만났다. 유방의 즉시 두 아이를 안아올려 마차에 태웠다.

유방은 아내 여씨와 아버지 태공을 찾았으나 좀처럼 눈에 띄지 않았다. 어물거리다간 초군의 기병대에 발각당하고 만다.

유방은 찾기를 단념하고 하읍을 향해 마차를 몰았다. 아버지와 아내에게는 심이기가 딸려 있으니 어떻게 해주겠지 생각했다.

패에서 하읍으로 가는 길에는 늪이 많다. 늪지대를 빠져나가면 너른 들판이 펼쳐져 있고 그 가운데로 한줄기 길이 서남쪽으로 뻗어 있었다.

말은 쉰새없이 달려온 터라 지쳐 있어 좀처럼 빨리 가지를 못한다. 초의 기병대가 당장에라도 따라잡을 것이다. 유방은 마차 위에서 뒤만 돌아보고 있었다. 아득히 뒤쪽 지평선에 초의 기병대로 보이는 검은 덩어리가 나타났을 때 유방은 온몸이 얼어붙는 것 같았다.

"영!"

유방은 하후영의 이름을 불렀다. 하후영이 뒤돌아보았다.

"저건 뭐지?"

"초병일까요?"

하후영은 쇠침이 달린 채찍으로 말의 엉덩이를 때렸다. 두 마리의 말이 날뛰었다.

유방이 타고 있는 수레는 병거(兵車)라는 전투용 전차이다. 좌우 바퀴 위에 나무로 만든 상자만 얹었을 뿐, 앉는 좌석이 없다. 덮개도 없고 네 군데에 막대를 가로질러 놓아 선 채로 가로대를 붙잡는다. 상자 앞의 가로대를 식(軾), 좌우의 가로대를 교(較)라고 한다. 아들 영은 바닥에 앉고 딸 노원은 교를 붙잡고 서 있었다.

말은 날뛰다가 달리기 시작했지만 그것도 잠시뿐, 지친 말은 점점 속도가 느려졌다. 뒤쪽의 기병대와의 거리가 점점 좁혀지고 있었다.

'달아날 곳은 없는가?'

사방을 돌아봐도 넓은 들판일 뿐 수레를 숨길 만한 숲은 눈에 띄지 않는다. 말은 숨을 가쁘게 내쉬었다. 거리가 좁혀지면 이윽고 붙잡히겠지. 절망적인 상황이었다.

"이제 틀렸어."

그렇게 생각했을 때 새까만 까마귀떼 같은 기병대가 시야에 들어왔다.

유방은 교를 붙잡고 서 있는 노원을 느닷없이 수레에서 밀어 떨어뜨렸다. 그런 다음 바닥에 앉은 영의 목덜미를 잡더니 수레 밖으로 내던졌다. 순간적인 행동이었다.

생각할 겨를도 없이 눈깜빡할 새 벌어진 일이었다. 유방의 아들 영은 여섯 살, 딸 노원은 열두 살이었다. 두 아이의 체중이라야 어른 하나만도 되지 않는다.

놀란 것은 하후영이었다. 하후영이 놀라 뛰어내려 두 아이를 안아올려 수레에 태웠다.

"너무 심하십니다. 아무리 위급한 상황이라고 해도 자식을 버리시다니요."

하후영은 눈을 부라리면서 말했다. 유방은 고개를 돌려 연신 뒤를 돌아볼 뿐이었다.

'꽤나 무서운가보다.'

하후영은 채찍을 휘둘렀다. 말은 달리기 시작했으나 그것도 잠깐 뿐, 또다시 속도가 떨어졌다. 얼마 안 가서 유방은 또다시 아이들을 밀어 떨어뜨렸다. 하후영이 안아서 수레에 태웠다. 그러기를 세 차례나 했다.

세 번째가 되자 하후영이 견디다 못해 소리를 질렀다.

"정신이 나가셨소!"

하후영의 목소리가 귓전에 쩌렁쩌렁 울렸지만 유방은 입을 다물었다.

유방이 잡히면 한은 망한다. 자식이 체포된다 해도 한은 망하지는 않는다, 그런 생각이었을까. 하후영은 도무지 유방의 심중을 읽을 수가 없었다. 하후영 역시 붙잡히고 싶지 않다. 두려운 마음도 있었다. 그렇지만 자신이라면 자식을 버릴 수 있을까 생각해보니 유방의 속뜻을 더욱 헤아릴 수 없었다.

말이 지쳐서 드디어 나아가지 않게 되자 하후영은 옆길로 빠져나갔다. 천만다행히도 그곳엔 짙은 숲이 있었다. 마차를 숨길 수 있었던 것은 하늘이 내려준 행운이었다.

해가 지자 하후영은 달빛에 의지하며 조심조심 마차를 출발시켰다. 낮에는 숲속에 숨고 달이 뜨면 마차를 전진시켰다.

이리하여 유방은 가까스로 초의 수색대의 추격에서 벗어나 하읍에 당도할 수 있었다. 그곳엔 여씨의 큰오빠 여택이 병사를 모아 진출해 있었다. 그것도 유방에게는 행운이었다.

유방은 여택의 군사를 넘겨받고 사방에 흩어져 있던 패졸들을 다시 끌어모았다.

"나는 운이 좋다. 하늘은 나를 버리지 않아."

유방은 재기를 위해 마음을 굳게 먹었다.

유방은 하읍에서 서쪽으로 나아가 탕(碭)에 포진했다. 일찍이 패공 시절 회왕으로부터 탕군의 장으로 무안후에 봉해졌던 연고가 있는 곳이다. 병사들이 다시 늘고 제법 군대의 위용이 갖추어졌다.

유방은 다시 서쪽 양(梁)의 땅으로 향했다. 그곳은 초의 영토이지만 거기에는 팽월이 있어 어느 정도 안전이 보장되었다. 그것도 유방에게는 행운이었다.

팽월의 강력한 카리스마

팽월이 거병했을 무렵의 일화가 있다. 팽월은 창읍(昌邑) 태생으로 젊었을 때부터 정상적인 직업을 가져본 적이 없다. 거야의 못에서 물고기를 잡기도 하고 어떤 때는 도적떼가 되기도 했다. 진승과 항량이 거병했을 때 동료 하나가 말했다.

"호걸들이 일어나 진에 대항하고 있소. 당신도 그들을 본뜨면 어떻겠소?"

팽월이 말했다.

"두 마리 용이 격렬하게 싸우고 있어. 얼마 동안 기다리자."

그로부터 1년 남짓 지났다. 젊은이 백여 명이 팽월을 찾아갔다.

"우리도 일어서기로 했소. 하지만 우두머리가 없소. 당신이 우리의 우두머리가 되어주시오."

팽월은 거절했다.

"나는 그대들을 편들고 싶지 않네."

그러나 젊은이들이 물러서지 않고 간곡히 부탁하자 팽월은 부득이 승낙했다.

팽월은 백여 명의 젊은이들을 앞에 놓고 말했다.

"내일 아침 해 뜨는 시각에 모여라. 약속 시간에 늦은 자는 참수하겠다."

그러나 이튿날 아침 약속 시간보다 10여명이 늦게 나왔다. 가장 늦은 자는 한낮이 되어 나타났다. 팽월이 말했다.

"나는 나이가 들었다. 그대들은 그런 나를 억지로 두목으로 삼았다. 그런데 약속을 했는데도 늦은 자가 많다. 모두를 죽일 수 없으니 제일 늦은 자를 죽이기로 하겠다."

그리고 조장에게 그자를 칼로 치도록 명령했다. 모두들 웃으면서 말했다.

"그렇게까지 할 필요는 없어요. 앞으로는 늦지 않을 테니까요."

그러나 팽월은 완고했다. 한 사람을 끌어내어 참수하고 단을 만들어 제사를 지낸 뒤 일동에게 명령을 내렸다. 모두들 크게 놀라 팽월을 두려워하여 고개를 드는 자가 없었다.

팽월의 군대가 도적의 집합이면서도 군기가 엄하게 유지될 수 있었던 것도 이런 엄격함 때문이었다.

양의 땅은 빈집과 같아서 팽월은 그곳 대부분의 성읍을 공략하여 평정하고 있었다.

팽성에서 양의 땅으로 도망쳐온 유방은 팽월에게 사자를 보내어 노고를 위로하고 아울러 양의 방비를 맡긴다는 뜻을 전달하고 자신은 계속해서 서쪽으로 나아가 우(虞)에 이르렀다.

팽월은 유방의 우군이었지만 그렇다고 마음을 놓을 수는 없었다.

항우의 분노를 사고 있었기에 초에 붙을 염려는 없다고 해도 유방을 없애고 자신이 그 자리를 차지할는지도 모르는 사내다.

팽성에서 도망치느라 흩어졌던 장량과 한신이 우로 모여들었다.

장량이 유방에게 진언했다.

"항왕은 병사들을 전부 팽성으로 회군시킨 것 같습니다. 아마도 대공세를 해올 것입니다. 우리들은 좀더 서쪽으로 가서 수비를 굳혀야 합니다."

"좋다. 후퇴하지."

그들이 후퇴하기로 결정한 곳은 개봉 서쪽 황하 가까이에 있는 형양성(滎陽城)이었다. 형양성 남쪽 기슭에는 성고성(成皐城)이 있는데 두 성은 서로 마주보고 있다. 성고성 가까운 곳에 있는 오창에는 산등성에 굴을 파서 많은 식량을 비축해놓은 것으로 알려져 있다.

"형양성과 성고성을 굳게 지켜 초군의 공략을 막도록 합시다. 가까이에 오창이 있어 무엇보다 유리합니다. 오창만 확보해두면 식량에 어려움은 없을 겁니다."

유방은 장량의 권고를 받아들여 서쪽으로 향했다.

모든 사람은 인재다

우에서 형양까지 가는 길은 말이 행군이지 사실상 패퇴나 다름없었다. 항우의 공격이 무서워 도망가는 것이다. 유방은 말에서 내려 휴식을 취하며 곁에 있는 장량에게 말했다.

"싸움에 지고 싶지 않다. 지면 분해. 이렇게 분하리라곤 생각지 않았어."

유방은 비참한 기분이 들었다. 지독한 속탈이 나서 좋아하는 술도 마시지 못한다. 아버지 태공과 아내 여씨도 어쩌면 초군에 붙잡혔을지도 모른다. 유방은 기가 죽어 있었다.

"항왕에게 보복을 하고 싶다. 보복할 수만 있다면 무엇도 감수하겠다. 나를 위해 싸워서 항우를 무찔러줄 자는 없을까."

"대왕께서 그런 심정이시라면 항우를 쓰러뜨리지 못할 것도 없습니다."

"무슨 좋은 방법이 있어?"

장량은 자신의 생각을 말했다.

구강왕 경포를 끌어들이자는 제안이었다. 경포는 항우가 가장 의지하는 인물이지만 최근 둘 사이가 껄끄럽다는 소문이 돌았다. 항우가 제를 칠 때 파병을 요청했지만 경포는 갖은 핑계를 대며 회피했고, 유방군이 팽성을 포위했을 때도 방관만 한 경포에게 항우가 원한을 갖고 있다는 것이다. 경포 쪽에서는 항우를 두려워할 것이고 그러면 두 사람 사이에는 이용할 틈이 있다는 설명이었다.

유방은 경포에게 보낼 사신의 선택에 망설였다. 적지로 보낼 사신은 어지간한 담력이 있는 자가 아니면 안 된다.

"쓸만한 놈이 없어."

도망치느라 지칠대로 지치고 항우라는 존재에 대한 두려움이 엄습해오자 유방은 입버릇처럼 중얼거렸다.

"경포를 우리 편으로 끌어들여야 해."

그러나 궁지에 몰린 유방에게 과연 경포가 힘을 실어줄 것인지가 의문이었다.

"어떠냐? 회남으로 가서 경포를 설득할 자가 없느냐?"

유방은 좌우의 사람들을 둘러보며 말했다.

한결같이 눈을 피했지만 단 한 사람이 나섰다.

"제가 가겠나이다."

알자(謁者, 곁에서 시중을 드는 사람) 수하(隨何)였다. 충직하고 심성이 착하기로 정평이 난 사람이지만 유방은 그를 좋아하지 않았다. 유생(儒生)인 수하가 사사건건 예의범절을 따지는 것이 마음에 들지 않았다.

평소 유방은 수하를 여자 같다고 놀리곤 했어도 그 충직한 신하는 인상 한번 찌푸리는 적이 없었다.

"왜 남자답게 화를 내지 않느냐?"라고 물으면 "대왕께서는 자주 소인을 놀리십니다. 그러나 겉으로만 장난을 치시는 것일 뿐 사람의 자존심을 건드리는 것이 아닌데 어찌 화를 낼 수 있습니까?"라고 웃으며 말하던 사내였다.

평소에 아는 체하는 것이 못마땅했던 유생이 사신을 자청하고 나서자 유방은 미간을 찌푸렸다. 그러나 곧 그가 경포와 같은 육 출신이라는 말에 결정을 했다.

수하는 20여명을 거느리고 회남을 향해 출발했다. 구강왕의 식사를 담당하는 벼슬인 태재로 있는 채(蔡)가 수하의 친구였다. 그는 채에게 경포를 만나도록 주선해달라고 부탁했다. 그러나 사흘이 되어도 경포는 만나주지 않았다.

“제발 알현할 수 있도록 주선해주게. 먼저 내 말을 들어보고 틀렸다면 우리 일행 스무 명을 죽여 대왕께서 초를 편든다는 것을 밝히면 되잖나.”

채는 수하의 말을 그대로 경포에게 전했다.

구강왕 경포에게는 수차례 초의 사신이 다녀갔다. 출병 요청이자 소환 요청이기도 했다. 팽성으로 소환당해가면 죽을지도 모른다. 그럴 바에는 차라리 초를 배반하고 유방의 편에 서는 것이 낫겠다는 생각도 들지만 결단이 내려지지 않는다. 항우의 세력은 하늘을 덮지만 유방은 형양성으로 쫓겨 달아났다고 한다. 그런 참에 유방의 사신이 온 것이다.

스무 명 사신을 죽여버리면 그만이지만 수하의 전언에서 왠지 죽음을 각오한 자의 기백 같은 것에 끌렸다. 일단 만나보고 결정해도 될 것 같았다.

경포는 남의 눈을 피해 수하를 불러들였다. 수하는 깊이 절하고 경포에게 물었다.

“대왕께서는 초와 어떤 친분이 있으십니까.”

“나는 초를 섬기고 있소.”

“항왕이 제를 칠 때 대왕께서는 솔선하여 선봉이 되셔야 함에도 군사 4천을 보냈을 뿐입니다. 또 한왕이 팽성을 공격했을 때 항왕이 달려오기 전에 먼저 팽성으로 가서 싸우셨어야 합니다. 그럼에도 대왕께서는 팔짱을 끼고 지켜보기만 하셨습니다. 초를 섬기시는 분으로서 정말 그래도 되는 일입니까. 이것이 제가 대왕을 염려하는 바입니다."

경포는 반론할 말을 찾지 못하고 가만히 듣고만 있었다.

"초는 강하다고 해도 의제를 죽인 불의의 오명을 쓰고 있습니다. 대신 한왕에게는 제후들의 지지가 있습니다. 초군이 형양을 치려면 적진 깊이 들어가야 하고, 설령 이르렀다고 해도 한이 굳게 지키며 움직이지 않으면 물러설 수도 포위를 풀 수도 없습니다. 한이 한중의 곡식을 운반해오는 반면 초군은 군량이 떨어져 지쳐 나가떨어지게 될 것입니다. 만약 초가 이길 듯하면 제후들이 나서서 한을 도울 것입니다. 지금 대왕께서 한을 편들지 않고 초에 의탁하고 계신 것이 제가 걱정하는 부분입니다."

경포의 눈썹이 꿈틀 움직였다. 수하의 유창한 말이 이어졌다.

"대왕께서 초를 멸망시킬 수 있다고 말씀드리는 것이 아닙니다. 단지 군사를 움직여 항왕의 군사에 반항하시면 초군은 더 이상 앞으로 나아갈 수 없을 것입니다. 그렇게 수개월 지속되면 한왕이 천하를 차지하게 될 것이 틀림없습니다. 저로 하여금 한으로 돌아가는 길에 대왕을 모시고 가게 해주십시오. 한왕께서는 대왕께 새로 땅을 나누어주실 겁니다. 부디 이점에 유의해 주십시오."

수하의 입에서 논리적인 말이 술술 나왔다. 맑은 표정에 목소리마저 상쾌하다. 듣고 있는 동안 경포는 무엇엔가 취한 기분이 되었다.

"말씀을 따르겠소."

보통 같으면 즉답을 피해야겠지만 무엇이 홀린 듯 초를 배반하고 한에 가담하겠다고 승낙한 것이다.

다음날이 되자 경포의 마음이 달라졌다. 아무리 생각해도 초가 무섭다. 때마침 초의 사신이 찾아왔다. 사신은 경포에게 초에 출병하도록 몰아세우는 한편 포상도 약속했다.

경포의 마음은 다시 초 쪽으로 기울었다. 거듭 생각해 봐도 유방이 항우와 싸워서 이길 수 없다.

수하는 초의 사신이 왔다는 소식을 듣고 당황했다. 나쁜 때에 나쁜 녀석이 찾아온 것이다. 경포의 심정이 초로 기울어지리라는 것은 뻔했다. 그럼 목숨을 건질 도리가 없다. 헛되게 죽어서는 안 된다. 죽음 속에서 살길을 찾아야 했다.

수하는 채의 집 하인에게 황금을 쥐어주고 왕궁을 탐색케 하여 초의 사신과 경포가 만나는 장소와 일시를 알아냈다.

궁전의 한 방에서는 벌써 몇 번째 경포와 사신의 회담이 열리고 있었다.

"오늘은 반드시 왕의 확답을 받겠습니다."

경포는 마침내 승낙의 뜻을 밝혔고 다음 수순으로 병력의 수와 출병 날짜를 의논하던 중이었다. 그때 성큼 회견장에 들어온 자가 있었다. 수하였다.

수하는 엄숙하게 경포에게 절을 하고 초의 사신보다 상석에 앉았다. 경포는 놀란 나머지 아무말도 하지 못했다.

"나는 한왕의 사신이오. 구강왕은 이미 한에 귀속하셨소."

초의 사신에게는 자부심이 있다. 초는 천하의 패자다. 구강왕이나 한왕 따위는 변방의 왕에 불과하다는 자부심이었다. 저 아래로 보는 한왕의 사자가 무례한 말을 퍼붓자 화가 났다. 구강왕 경포가 아무 말도 하지 않자 틀림없는 사실이라고 믿고 자리를 박차고 나갔다.

초의 사신이 떠나자 수하는 경포에게 말했다.

"일은 결정되었습니다. 초의 사신을 참수한 다음 한으로 가서 협력하셔야 합니다."

이렇게 된 이상 수하의 권고에 따를 수밖에 없다.

경포는 사신들을 죽이고 초를 공격했다. 소식을 들은 항우는 격노했다. 양의 땅을 토벌하느라 직접 갈 수 없어 항성과 용저에게 대군을 주어 경포를 치도록 했다. 항우의 분노가 병력수에 그대로 나타나 있었다.

경포는 맹장이다. 수개월간 버텼지만 병력의 수에 밀려 패퇴해야만 했다. 경포는 병사들을 이끌고 유방에게로 가려고 했지만 뒤쫓는 초의 군대에 전멸할 것을 염려해 수하와 근위병만 데리고 유방이 있는 형양으로 피했다.

경포가 형양성에 들어가 한왕 유방을 배알했을 때 유방은 막 외출에서 돌아와 시녀에게 발을 씻기고 있던 중이었다. 그 자세로 경포를 접견했다.

구강왕도 한왕과 격이 같다. 왕이란 자가 취할 태도가 아니었다. 의복을 갖춰입고 정중하게 맞아야 하는 것이다.

경포는 한에 귀속한 것을 후회했다. 굴욕감마저 느꼈다. 한을 위해 병사들까지 버리고 여기에 온 것이다. 경포는 자살을 생각했다. 그것만이 자존심을 회복하는 길이었다.

그런데 경포가 물러나와 숙소에 와보니 방안의 세간, 휘장, 의복, 시종 등 모든 것이 한왕과 똑같았다. 경포는 기대 이상의 대우에 감복했다.

경포는 구강에 남기고 온 가족들을 구하려고 사람을 잠입시켰으나 이미 초군에게 죽임을 당한 뒤였다. 대신 경포의 옛 충신들을 찾아내어 병사 수천과 함께 한으로 돌아왔다.

경포는 한으로 귀속하면서 비싼 대가를 치른 셈이었다.

項羽劉邦

4. 죽기를 각오해야 산다

"사지(死地)에 떨어뜨렸다가 살려주고,
망지(亡地)에 두었다가 살려준다는 말이 있듯이
나는 우리 병사들을 사지에 두고 싸우게 했다."

—'배수의 진'으로 대승을 거둔 뒤 병법을 묻는 부하에게 한신이 한 말

빌린 것보다 더 많이 갚아라

유방이 팽성에서 패하고 형양성에 들어간 것은 한왕 2년(BC 205) 5월이었다. 유방은 형양성의 방비를 굳게 하는 동시에 서북쪽에 있는 성고성에도 병사를 배치했다.

유방은 형양성에서 황하 기슭까지 도로를 만들었다. 성고성 동북쪽 오창으로부터 양곡을 운반해오기 위해서였다.

초군은 유방의 근거지인 관중을 치려고 서쪽으로 진군했지만 그때마다 한신의 교묘한 용병술에 막혀 좌절되고 말았다. 가히 한신은 전투의 천재였다.

유방이 형양성으로 패퇴하자 그때까지 유방에 협조했던 새왕 사마흔과 적왕 동예, 그리고 진여 등은 항우에게 붙었다.

유방은 형양성과 성고성의 방비를 강화하고 관중을 다스리는 일에도 신경을 썼다. 전년에 이어 그해도 심한 흉년이었다. 소하는 한중·파·촉의 식량을 운반해 와서 굶는 백성에게 나누어주었다.

그해 6월 서위왕 위표가 유방을 배반했다. 유방은 역이기를 보내 설득했으나 실패하자 한신을 좌승상에 임명하고 토벌을 명령했다.

한신은 엄청난 깃발을 세운 배를 임진 나루터에 세우고 곧 쳐들어갈 것처럼 위장한 뒤, 은밀히 군사를 북쪽으로 우회시켜 뗏목을 타고 간단히 강을 건넜다. 한신은 순식간에 도읍을 덮쳐 위표를 사로잡았다.

위표를 포로로 잡고 서위 땅을 평정한 한신은 유방에게 사신을 보냈다.

"병사 3만 명을 늘려주시기 바랍니다. 북으로 조와 연을 치고 동으로는 제를 치며 남으로는 초의 양곡 수송로를 끊어버린 다음 형양성에서 뵙도록 하겠습니다."

싸움에서 이긴 대장군의 당당함이 드러나는 요구였다. 유방으로서는 한신이 든든하면서도 한편으로는 두렵기도 했다. 요구하는 대로 병력을 준다면 한신이 독립하는 결과를 도와주는 셈이 되지 않을까. 유방은 장량을 불렀다.

"한신에게 병력을 줘도 될까."

"한신에게 병력을 주어 하북 지역을 공략해야 합니다. 조의 진여(陳如)가 세력을 증대시키는 것을 방치해두어서는 안됩니다. 정 마음이 놓이지 않으시다면 장이(張耳)를 감시역으로 보내심이 어떠십니까. 장이는 한신의 아버지뻘이나 되니 서로 공을 다투는 일은 없을 것입니다."

더구나 장이는 조에서는 현자로서 명성이 자자하고 원수인 진여를 치는 일에는 온힘을 쏟으리라는 것이다.

장량의 권유를 한번도 물리친 적이 없는 유방은 즉시 병력 3만을 장이에게 주어 한신에게 보냈다.

장이는 한신의 배신을 감시하는 역할로 파견된 만큼 한신의 미움을 사지 않을까 내심 걱정이 되었다. 그러나 한신을 만나보고 쓸데없는 걱정인 것을 알았다. 한신은 투박스럽지만 우직하고 순진한 표정으로 장이를 맞았다.

"현인으로서 이름이 높으신 왕께서 친히 와주셔서 참으로 기쁘기 한량 없습니다."

한신은 장이를 왕이라고 불렀다. 장이는 진여에 의해 조나라에서 쫓겨날 때까지 상산왕이었다.

"조나라에는 왕의 옛 친구들이 많으실 것입니다. 그 사람들을 포섭한다면 정보 수집에 크나큰 도움이 되지 않겠습니까?"

한신을 거기까지도 생각했다.

'싸우기 전부터 정보 수집을 생각하다니 한신은 범상한 장군이 아니다.'

장이는 젊은 장군을 바라보면서 생각했다.

장이는 군대를 지휘하여 싸우는 것을 좋아하지 않았다. 전투보다는 남을 설득하고 설명하는 것에 오히려 자신이 있었다. 싸우면 반드시 이긴다는 한신과는 성격이 전혀 다르다. 성격이 다른 사람들끼리는 오히려 닮은 사람들보다 인간관계가 더 원활해질 수 있지 않을까, 장이는 생각했다. 비슷한 사람끼리는 한가지 일에 지나치게 고집을 부리는 나머지 갈등을 일으키기 쉽다. 장이와 진여의 경우가 그랬다.

한신과 장이는 조나라를 치기 전에 먼저 대(代)를 공격하기로 의견 일치를 보았다. 단 한번의 출전으로 일격에 대를 굴복시키자 한신의 군사는 크게 불어났다.

한신이 대나라를 복속시키고 군세가 증가되자 유방이 '군사를 형양으로 보내라'는 전갈을 보내왔다. 형양성과 성고성에서 초군과 대치하던 유방은 병력 부족으로 곤경을 겪고 있는 참이었다. 후방의 한군이 패하면 한신이 승리를 거둔다 해도 의미가 없다. 한신은 유방의 명령을 공손히 받들어 군사를 보내기로 했다. 그러나 조나라 토벌을 앞두고 병력의 전부를 보낼 수는 없었다.

한신은 장이에게 의논했다.

"3만쯤 보내면 어떻겠습니까?"

3만명은 처음에 유방으로부터 받아온 병력수이다. 빌려온 만큼의 군사를 돌려주면 유방에게 빚은 없는 셈이다.

장이가 대답했다.

"같은 숫자라면 부족하겠군. 1만명쯤 더 보태서 보내도록 합시다."

노회한 장이는 세상물정에 밝다. 유방이 시의심을 갖게 될는지도 모른다는 생각에 3만보다 조금 더 주자는 것이었다.

한신도 흔쾌히 동의했다.

배수의 진-죽기 싫으면 싸워라

한신은 여세를 몰아 동북으로 진격하여 조(趙)에 대해 공격을 개시했다.

조에 들어가려면 정형구(井陘口)의 험준한 지형을 내려가야 한다. 정형구라는 지명대로 사면이 높고 가운데는 낮아 마치 우물 바닥 같은 분지 형태이다. 겨우 마차가 한대 지날 정도의 좁고 가파른 내리막을 통과하는 것이 한신의 고민이었다.

정형구의 내리막길 아래 지수(泜水)라는 강이 흐르는데, 그 강 너머 보이는 정형성에 진여는 보루를 높이 쌓고 방비를 견고히 하고 있었다.

곧 한신의 공격이 있을 거라는 것을 진여도 알고 있었다. 진여는 싸움을 앞두고 신중했다. 이길 승산이 없으면 쓸데없는 싸움은 하지 않는다. 한신 군대의 동정을 살피기 위해 첩자를 보냈다.

"한신의 군사는 10만이다."라는 첫보고가 들어왔다. 그러다가 5만이다, 3만이 채 안 된다, 라는 식으로 적군의 숫자가 점점 줄어들었다.

소왕의 참모 이좌차(李左車)가 진여에게 헌책했다. 이좌치는 병법에 통달한 사람이었다.

"한신이 서하를 건너 위왕을 포로로 잡았다고 들었습니다. 한신군은 정면으로 맞서기 힘들 정도로 강합니다. 그러나 적군에게도 찌르고 들어갈 빈틈이 있을 겁니다."

이좌차는 '천리 먼 길에서 군량을 운반해 와야 한다면 수송의 어려움으로 군사를 굶기게 된다. 장작을 패고 풀을 베어 밥을 지어야 한다면 군사들을 배불리 먹일 수 없다'라는 병법서의 한 구절을 인용하며 한신군의 약점을 들었다.

"지금 한신의 병사들이 집결하고 있는 정형의 길은 아주 좁아 마차 두 대가 나란히 갈 수 없을 뿐만 아니라, 기마도 대오를 지어서 통과할 수 없는 지형입니다. 군사들의 행군이 수백리에 이르면 보나마나 양식 운반은 뒤쳐지게 마련입니다. 바라옵건대 저에게 3만 명의 기습부대를 맡겨주신다면 저는 지름길로 달려가서 한신군의 군수품 통로를 중간에서 잘라버리겠습니다. 왕께서는 성 주위로 도랑을 깊이 파고 성벽을 높이 쌓아 굳게 지키면서 적군과 싸우지 마시기 바랍니다. 그렇게 하면 적군은 스스로 싸우지도 물러서지도 못하게 될 것입니다. 그러는 동안 우리 기습부대가 보급로인 적의 후방을 차단해서 적에게 군량을 확보할 기회를 주지 않는다면 열흘 정도면 한신과 장이의 목을 왕께 갖다 바칠 수 있겠습니다. 부디 왕께서 저의 전략을 받아주시옵소서. 전략을 받아주시지 않으시면 폐하께서는 반드시 한신과 장이 두 장수에게 생포당하시게 될 것입니다."

그러나 진여는 유자(儒者)이다. 명분을 중요시한다. 자기의 군대는 항상 정의로운 군대라고 생각하며 술수에 의한 계략을 쓰기를 싫어했다.

"병법에 '10배가 되면 적군을 포위하고 2배가 되면 곧 싸운다'라고 씌어 있는데 지금 한신의 병력은 수만이라고 하나 실제로는 수천에 불과할 것이다. 또 천리나 멀리 떨어진 곳에서 나를 공격하러 왔으므로 병사들은 극도로 피로해져 있을 것이다. 한신군의 약점을 이용하여 공격한다면 제후들이 나를 비겁하다고 생각할 것이며 나를 비난하는 빌미를 제공하게 될 것이다."

진여는 이좌차의 헌책을 들어주지 않았다.

조나라 군사는 20만으로 한신의 군사에 비해 3~4배는 된다. '이 정도면 이길 수 있다'고 진여는 자신했다. 한신의 군사를 우물의 바닥과 같은 정형구의 분지로 유인하여 섬멸하면 되는 것이다.

한신은 미리 사람을 풀어서 진여의 동정을 살피게 했다. 진여가 이좌차의 계책을 받아주자 않았다는 사실도 알아냈다. 한신이 걱정하던 일이 해결된 것이다. 한신은 급히 병력을 이끌고 정형의 험한 길을 내려와 정형구를 30리 눈앞에 둔 지점에 군영을 차리고 숙영에 들어갔다.

밤이 깊어지자, 한신은 병사들에게 공격 명령을 내렸다. 가볍게 무장한 기습병 2천에게 한 사람당 붉은 깃발을 한자루씩 들도록 했다.

"우리 본대는 정형구를 공격할 것이지만, 곧 패배한 척하며 후퇴할 것이다. 조나라 군사는 우리가 패주하는 것을 보면 틀림없이 성벽을 비우고 우리 군을 추격할 것이다. 그때 너희들은 신속하게 성벽을 타고 성안으로 들어가 조의 깃발을 뽑아버리고 2천개의 붉은 깃발을 모두 성벽에 휘날리도록 하라."

2천명의 기습병은 산간의 샛길을 이용하여 조나라의 군영이 내려다보이는 곳에 대기시켰다. 그리고 병력 2만 명을 선발대로 진군시켰다.

"정형구에서 벌판으로 나가면 지수가 흐르고 있을 것이다. 지수를 등에 지고 진을 쳐라."

장군들은 깜짝 놀랐다.

"그렇게 하면 배수(背水)의 진(陣)이 되지 않습니까?"

물을 등지고 진을 편다는 것은 병가에서는 금기 사항이었다. 진을 구축하려면 산기슭을 오른쪽으로 하고 물을 앞쪽이나 왼쪽으로 하는 것이 병법의 상식이다. 한신의 명령은 그와는 반대였던 것이다.

'적이 공격해오면 어찌한단 말인가.'

적의 공격을 막지 못하면 전원 강물 속으로 빠져죽어야 한다. 장수들의 얼굴에 공포의 빛이 역력했다.

"조는 미리 성벽을 쌓아두었다. 급하게 싸우려 하지는 않을 것이다. 그들은 우리 군의 깃발이 보이기 전까지는 먼저 공격하지 않을 것이다. 우리 주력군이 험난한 지점까지 와서 중도에 되돌아가지나 않을까 하고 걱정이 되기 때문이다."

장수들은 알 듯 모를 듯한 표정을 지었다.

한신군의 2만 명 선발대가 횃불을 들고 출발했다. 야간 행군에 수많은 횃불을 들고 그 횃불이 지수의 기슭에 나란히 섰다.

조나라 군사들은 그 어리석음을 크게 비웃었다.

"한신은 병법을 모르는구나. 저놈이 오늘까지 이겨온 것은 요행에 지나지 않아."

'앞이나 왼쪽에 물을 두고 포진을 해야 한다'는 전술의 정석과 전혀 다른 포진이었기 때문이다.

날이 샐 무렵 한신은 깃발을 앞세우고 북을 울리면서 정형구를 향해 위장 진군을 하기 시작했다. 조군은 마치 기다렸다는 듯이 성문을 열고 공격을 해왔다.

한신은 스스로 진두에 서서 싸웠다. 적을 속이려면 먼저 아군부터 속여야 한다. 함정을 눈치채이지 않으려면 대장이 스스로 진두에서 싸워야 한다. 한신은 고함을 지르면서 이리 뛰고 저리 치달았다. 병사들 사이를 헤집고 질타하고 격려하며 다녔다.

얼마 지나자 한신군에 패색이 나타나기 시작했다.

'이쯤에서 물러가자.'

한신은 퇴각을 명령했다.

한신의 병사들은 북과 깃발도 내던지고 배수진을 치고 있던 강기슭 군진으로 도망쳐 들어가 버렸다. 대장인 한신이 앞장서서 도망치는 것을 본 조군의 사기가 충천했다. 성을 비워둔 채 총출동해서 대군을 앞세워 한신의 군대를 추격했다. 거기까지는 한신이 계획대로였다.

한신은 말머리를 돌려 전군에게 반격 명령을 내렸다.

"죽기 싫으면 싸워라!"

등뒤는 시퍼런 강물이다. 도망치면 물에 빠져 죽는 수밖에 없다. 물에 빠져 죽느니 싸우는 편이 그래도 살아남을 희망이 있다. 한신군은 필사적으로 대항했다.

그때 한쪽에서 이변이 일어났다. 한신이 산 뒤에 매복시켜 두었던 2천의 기병이 그대로 치달아 성 안으로 들어가 미리 계획한 대로 조군의 깃발을 모조리 뽑아버리고 한군의 붉은 깃발 2천개를 휘날렸다.

때마침 솟아오른 태양 빛을 받아 2천개의 깃발이 불꽃 피어오르듯이 물결치고 있었다. 이미 성이 함락되었고 자신들의 왕이 잡혔다고 생각하자 조군의 병사들은 흐트러져 도망치기 시작했다. 2천명의 기병대는 패주하는 병사들을 공격했고 달아날 곳을 잃은 조군은 무기를 버리고 무릎을 꿇었다.

진여는 붙들려 지수의 물가에서 참살되었다. 장이는 진여의 시체를 칼로 난도질하고 발로 짓밟았다. 쌓이고 쌓인 한을 푼 것이다.

전투가 끝난 뒤, 휘하의 장수가 한신에게 물었다. "병법에 구릉을 오른쪽이나 뒤쪽에 두고, 물은 앞이나 왼편에 둬야 한다고 나와 있는데 장군께서는 이번 전투에서 저희들에게 병법과는 반대로 강물을 뒤에 두고 포진케 하셨습니다. 우리들은 모두 장군님의 명령을 마뜩치 않게 생각했었는데 전투 결과는 승리였습니다. 이것은 어떠한 전술입니까?"

"이것도 병법에 있다. 나는 그동안 부하들을 제대로 훈련시키지 못했기 때문에 오합지졸인 평민들을 데려다 전투를 벌이는 것과 다름없는 상황이었다. '사지(死地)에 떨어뜨렸다가 살려주고, 망지(亡地)에 두었다가 살려준다'는 말이 있듯이 나는 우리 병사들을 사지에 두고 싸우게 했던 것이다. 만약 내가 병사들을 생지(生地)에 포진케 하고 싸우게 했었더라면 모두 조군의 병사들에게 겁을 먹고 패주하고 말았을 것이다."

불공평한 논공행상의 부작용

장이(張耳)와 진여(陳餘)는 위나라의 도읍인 대량(大梁) 사람으로, 진여는 장이를 아버지처럼 섬기며 두 사람은 문경지교를 맺었다. 위를 멸망시킨 진나라는 명사로 이름 높은 장이와 진여에게 현상금을 걸어 수배했다.

두 사람은 이름을 바꾸고 진(陳)으로 가서 마을의 문지기 노릇을 하며 숨어 지냈다.

진승이 봉기하여 장이와 진여가 숨어 있는 진에 이르자 두 사람은 진승의 휘하에 들어갔다. 그러나 진승이 자신들의 계책을 받아들이지 않고, 또 자신들을 장수가 아닌 일개 교위로 삼은 것을 원망하고 있었다. 두 사람은 진승의 장군 무신(武臣)을 부추겨 스스로 조왕(趙王)에 오르게 했다. 조왕은 진여를 대장군에 장이를 우승상으로 삼았다.

진제국의 군사와 싸우던 중 장이는 패퇴하여 거록성으로 들어갔고 진여는 수만 명의 병력을 수습하여 거록성 북쪽에 주둔했다. 진군에게 포위된 거록성 안에서는 식량이 거의 바닥나고 병력도 적었으므로 장이는 여러 차례 사람을 보내 진여에게 군사를 진격시켜줄 것을 요청했다.

그러나 진의 군사에 대적하기엔 무리라고 판단한 진여는 주저했고, 장이는 크게 노해 진여를 원망했다.

장이는 장염과 진택을 진여에게 보내 "함께 죽음으로써 신의를 세우라"고 책망했고 진여는 두 사람에게 군사 5천을 주어 거록성을 포위하고 있는 진군을 공격했지만 몰살당하고 말았다.

마침 항우의 군대가 진의 군사를 공격해서야 장이는 가까스로 거록성을 빠져나올 수 있었다.

장이는 진여를 만나자마자 책망하며 자신이 보낸 장염과 진택의 소재를 캐물었다. 그 둘은 5천 병사와 함께 사망했다고 해명했지만 진여가 그들을 죽였다고 의심한 장이가 자꾸 캐물었다. 진여가 노하여 말했다.

"공께서 저를 이리도 책망할 줄은 몰랐소. 제가 장군의 직책에 연연하는 줄 아시오?"

진여는 대장군의 인수를 풀어 장이에게 밀어주었다.

장이는 처음엔 놀라 받지 않았지만 측근 중 하나가 "하늘이 주는 것을 받지 않으면 오히려 화를 받는다고 했습니다." 라고 말했다.

장이는 인수를 자신이 차고 진여 휘하의 사람을 거두어들였다. 이로 인해 장이와 진여 사이가 벌어지게 되었다.

진여는 그를 따르는 수백 명과 함께 물가에서 낚시와 사냥을 하며 지냈다.

장이는 항우를 따라 함곡관으로 들어갔다. 항우는 장이의 명성을 익히 들어온 터라 그에게 조나라를 나누어 주고 상산왕에 봉했다.

진여는 불만을 터뜨렸다. "장이와 나는 공이 같은데 지금 장이는 왕이 되고 나는 후가 되었다. 항우가 공평하지 못하다."

제나라가 항우에게 반기를 들자 진여는 제를 편들어 상산왕 장이를 습격했다. 장이는 도망쳐서 유방에게로 갔다. 패현 시절 유방이 장이의 식객 노릇을 한 인연이 있었다.

장이를 물리친 진여는 조나라 땅을 장악하고 실질적인 실력자가 되었다.

유방이 관중에서 나와 초군을 공격하며 동참할 것을 제안했을 때 진여는 "장이를 죽인다면 따르겠소."라고 했다. 유방은 장이를 닮은 자를 죽여 머리를 진여에게 가져다주었고 진여는 군대를 파견하여 유방을 도왔다.

그러나 유방이 팽성에서 패하고 장이도 죽지 않은 것을 알고 진여는 유방에게서 등을 돌렸다. 그리고 장이와 연합한 한신에 의해 지수(泜水)의 물가에서 죽고 말았다. 이로써 장이와 진여의 오랜 은원의 관계는 끝을 맺었다.

병참과 행정의 달인 소하

항우가 유방과의 결전을 위해 몸소 군사를 이끌고 형양성으로 향한 것은 한왕 3년(BC 204) 1월이었다. 유방의 군대는 초의 공격에 대비해 형양성과 성고성을 잇는 주변의 땅을 요새화했다. 또한 길 양쪽에 벽을 쌓아 드러나지 않는 길 용도(甬道)를 만들고 오창의 양곡을 형양성으로 실어내고 있었다.

초의 30만 대군이 형양성을 포위했다. 더구나 이번엔 항우 자신이 직접 지휘하고 있었다. 유방의 병사들은 항우의 이름만 들어도 벌벌 떨었다.

한군은 성문을 굳게 걸어 잠그고 싸움에 응하지 않았다. 항우는 방침을 바꾸어 멀리서 성을 포위한 채 주력군을 이끌고 용도를 공격했다. 용도가 파괴당하면 군량의 보급이 끊어진다. 유방군은 필사적으로 막았으나 1개월 후에는 토막난 뱀처럼 용도의 군데군데가 파괴되었다.

용도를 차단당한 유방군은 이제 형양성 내의 식량에 의지할 수밖에 없었다.

초군은 형양성을 겹겹이 에워쌌다. 이제 한군은 굶어죽든가 치고 나오든가 양단간에 결정을 내려야 한다. 성 안의 병력은 10만이 넘고 주민을 합치면 20만이 된다. 몇 개월을 버틸 식량이 있을 턱이 없다.

유방은 항우와 싸워서 이기리라고는 눈곱만큼도 생각하지 않았다. 유방이 식사중에 마침 장량이 찾아왔다.

"마침 잘 왔소. 함께 먹읍시다."

유방은 요리를 접시에 덜어 장량에게 나누어주었다. 이것은 친밀함을 표시하는 유방의 버릇이었다. 유방은 고민을 말했다.

"군량이 떨어지면 성이 함락되지나 않을까?"

"한·초간 싸움은 단기전이라면 초나라가 승리할 것이고 장기전이 되면 한나라의 승리가 될 것입니다. 우리는 장기전으로 끌고가야 합니다."

한군은 배후에 관중이라는 비옥한 땅을 가지고 있다. 형양성 서쪽은 모두 한의 세력권이라 위수를 타고 물자를 운반하는 것은 쉽다. 그에 비해 초군은 본국과 형양 사이에 양나라 땅이 끼여 있고, 초의 수도 팽성과 형양까지는 천리 길이어서 군량과 병력을 수송하는 것이 쉽지 않다는 것이다.

"병법에는 적국으로 멀리 쳐들어가서 싸우는 것이 불리하다고 경고합니다. 싸워서 이기기 위해서는 단기간에 승패를 결판내지 않으면 안 됩니다. 항왕에게는 범증 노인이 붙어 있어 그 전법을 쓸 것입니다. 용도를 파괴한 것은 단기전을 위한 것입니다. 성을 포위당하고 양식이 떨어지면 치고나가 싸우지 않을 수 없습니다. 초군은 때론 강하게, 때론 느슨하게 공격할 것입니다."

"치고나가서 항우와 싸워야 된단 말이지?"

유방은 겁먹은 표정이 되었다.

"군량이 떨어지기 전에 우리는 수단을 강구해야 합니다. 우리에게 약점이 있듯이 초군에게도 약점이 있습니다. 그 약점을 찔러서 책략을 짜내면 살길이 열립니다."

유방의 눈이 번쩍 뜨였다.

"초군의 약점이라면 무엇인가?"

"적을 알고 자신을 알면 몇 번 싸워도 위태롭지 않다고 했습니다. 적장과 그 부하들의 성격을 잘 알아서 그들 사이를 이간시키는 것이 가장 효과적인 책략이 됩니다. 마침 초군에서 귀속한 진평(陳平)이 항왕과 부하들의 성격을 잘 알고 있습니다. 그를 쓰시면 반드시 좋은 계책을 짜내줄 것입니다."

"나도 그래야겠다고 생각했소."

"지금으로서는 굳게 닫은 조개처럼 성을 굳게 지켜야 합니다. 팽월을 움직여 초군의 후방을 교란하여 포위망을 약화시킵니다. 그리고 한신으로 하여금 제나라를 쳐서 초군을 고립시키는 작전을 짜면 됩니다. 한신이 조나라에 있는 것만으로도 충분히 초를 견제하는 역할이 됩니다."

"한신이 그 정도로 싸움을 잘하리라곤 생각지 못했어. 한신의 재능을 간파하고 추천한 소하의 안목에 나는 도저히 미치지 못해."

소하가 관중을 잘 다스리고 있다. 장기전에 견디기 위해서는 행정과 병참의 확보가 중요하다. 보급을 소홀히 하는 군대는 설사 싸움에 승리한다 해도 언젠가는 패한다. 소하에 필적하는 인물은 다시없을 것이다. 이것은 유방에게는 무엇보다도 강점이었다. 유방은 늘 소하에게 감사하고 있었다.

"그 사내가 없었다면 우리 군은 벌써 궤멸되고 말았을 거야."

"현재로서는 참을 인(忍)자만 생각하십시오. 참을성있게 수비를 견고히 하고 있으면 머지 않아 정세가 호전될 것입니다."

장량은 충심으로 유방을 격려했다.

최고에 올랐을 때 내리막이 시작된다

형양성에서의 지루한 대치가 계속되었다. 농성전에서 가장 경계해야 할 점은 군사들의 사기가 떨어지는 것과 성 안 백성들의 민심 이반이다.

유방은 자신의 건재함을 보여주고, 항우의 포악성을 일깨워 민심을 모으는 방편으로 수레를 타고 성 내를 순시하는 것이 중요 일과가 되었다.

방위하는 한군 쪽에서 본다면 정세는 나아지지 않았다. 성 안에 저장되어 있는 군량은 줄어들고 언제 함락될지 모르는 처지였다. 10만이 넘는 병사와 식량이 떨어진 주민에게도 급식을 해주어야 했다. 앞으로 얼마나 버틸 수 있을지 알 수가 없다.

유방은 초조해졌다.

"항우를 이길 수 있을까?"

"아냐 이길 수 없어."

유방은 혼자서 자문자답을 했다.

하북 조나라 땅에 한신이 있지만 그가 승리할 때마다 군사를 데려와서 한신에게도 군사가 많지 않다. 외곽에서부터 초군을 공격할 수도 없다.

유방은 또다시 장량에게 답답함을 호소했다.

"농성은 괴롭구나. 숨이 막힐 것 같다."

"대장이 나약한 말을 하시면 안 됩니다. 병사들에게 좋은 본보기가 되지 못합니다."

유방은 새삼스레 장량을 바라보았다. 일년 내내 비실대는 이 연약한 사내는 모든 이해득실을 떠나 유방을 보좌하고 유방에게 천하를 바치는 일을 유일한 즐거움으로 삼고 있는 듯했다. 사심이 없기에 사물을 잘 살피고 서슴없이 직언을 하는가 하면 주군이 흔들릴 때면 편안하게 잡아준다.

'참 묘한 사내야.'

장량이 말했다.

"아군은 성을 포위당하고 있습니다. 군량이 떨어질까 그것이 걱정입니다. 지금이 가장 괴로울 때입니다. 그에 비하면 초군은 지금이 최고의 상태에 있습니다. 그렇지만 최고에 올랐을 때야말로 내리막의 시작입니다. 아군의 어려움이 극에 달했을 때야말로 적에게 불리하고 아군에게는 유리한 정세가 시작되는 것입니다. 더 한층 어려움을 견딤으로써 정세를 유리한 방향으로 몰고가야 합니다."

장량은 계속 유방을 독려했다.

"초군도 괴로울 것입니다. 병사들은 고향 생각에 젖어 있을 겁니다. 게다가 항왕은 성미가 급한 사람입니다. 초군에게도 문제가 있습니다. 성을 공략하려면 10배의 병력이 필요한데 3배도 되지 않습니다. 형양성이 함락되면 초군의 기세가 올라갈 것입니다. 지킬 수 있을 때까지 형양성을 지켜내야 합니다."

"알았어. 버텨보자구."

한편 항우는 형양성을 포위한 채 종리매(鍾離昧)에게 정예부대를 주어 한의 군량 보급지인 오창을 공격하게 했다. 오창에 저장되어 있는 군량은 100만 대군이 수개월 동안 먹을 수 있는 많은 양이었다. 한군은 필사적으로 막았으나 결국 오창은 초군의 손에 들어가고 말았다.

초군은 멀리 팽성에서 군량을 실어나르지 않아도 되고 이와 반대로 유방군은 보급이 끊기고 만 것이다.

유방은 공포에 떨었다.

'독 안에 든 쥐가 되고 말았어.'

불안해하며 장량에게 물었다.

"더 이상 참을 수 없어. 치고 나가서 싸울까?"

장량은 평소와 다름없는 온화한 목소리로 대답했다.

"초군은 강합니다. 일전에도 말씀드렸듯이 초군은 지금이 최고의 상태입니다. 최고 꼭대기까지 올라갔을 때 내리막길이 시작됩니다. 내리막길이 시작될 때까지 참을성있게 기다려봅시다."

"내리막길이 시작되기 전에 군량이 떨어져버리면 어떡하나."

"내리막을 이쪽에서 만들어주면 됩니다. 정세가 바뀌면 순식간에 내리막이 시작됩니다. 우리 손으로 정세를 전환시켜줘야 합니다."

장량은 몇 가지 계책을 설명했다. 초군에게도 이렇다 할 구원군이 없다. 게다가 팽성에서 멀리 떨어져 싸우고 있다. 이런 불리한 조건들을 연구 검토해보면 열세를 우세로 뒤집을 방법이 있을 것이다.

그리고 전투는 무력으로만 싸우는 것이 아니다. 장량은 일종의 심리전을 제안했다. '적의 유능한 참모를 군주로부터 떼어놓을 것.' 이것이 장량이 제안한 전략이었다.

항우의 참모 중에서 가장 경계해야 할 인물이 범증이었다. 두 사람을 이간시킬 수만 있다면 초군은 싸우기 쉬운 상대가 될 것이다.

초나라에는 종리매, 용저, 주은, 계부 등 맹장이 있지만, 항우는 단순 우직한 인물이라 감정대로 행동한다. 모략이 잘 먹히는 인물이다.

"항왕이 어떤 인간인지를 진평이 자세하게 얘기해준 적이 있어. 모략에 속을지 모르겠군."

"진평은 머리가 좋은 사람입니다. 초군 내부 사정도 꿰뚫고 있습니다. 그 사내라면 초나라에 모략을 쓸 수 있을 것입니다."

"나는 죽어가는 환자야. 기사회생의 묘약이 필요해. 진평에게 묘책이 없느냐고 물어보겠어."

유방의 표정이 밝아졌다.

계책의 사내 진평

진평은 하남의 양무현(陽武縣) 호유향(戶牖鄕) 사람이었다. 집은 가난했지만 젊은 시절 독서를 좋아했다. 부모를 일찍 여의고 약 3천평의 논을 가지고 형인 성(成)과 둘이서 살고 있었다. 성은 항상 논을 갈고 동생인 평에게는 학문을 시켰다. 형은 동생에게 기대가 컸다.

"평아, 너는 머리가 좋다, 공부해서 훌륭한 사람이 되어야 한다."

진평은 체격이 크고 살갗이 흰 미남자였다. 마을의 어떤 사람이 진평의 몸을 눈여겨보고 말했다.

"당신은 무엇을 먹길래 몸이 그렇게 좋은 거야?"

평의 집이 가난하다는 것을 알고 있기 때문에 조롱 반으로 물어본 것이다. 평이 대답하지 않고 있자, 옆에 있던 형수가 대신 말참견을 했다.

"쌀겨의 지스러기를 먹고 있을 뿐입니다. 이런 시동생은 없는 편이 낫습니다."

형수는 농사일을 하지 않고 놀고 지내는 시동생을 못마땅해했다.

평은 형수가 싫어하더라도 학문을 그만둘 생각은 없었다. 농가의 차남은 일을 해봤자 물려받을 논밭도 없고 머슴이 되는 수밖에 없다. 학문을 하기 위해서는 형 부부의 신세를 질 수밖에 없다.

"형수 때문에 난처하게 됐다. 무슨 좋은 방법이 없을까."

형수에게 미움을 사지 않으려면 어떻게 하면 좋을까, 궁리한 끝에 생각해낸 것이 형수와 정을 통하는 일이었다. 한 번 정을 통하면 남녀 사이기 때문에 매정하고 무자비하게 다루지는 않을 것이다.

"형님에게는 미안하지만 이 길밖에 없다."

진평의 형 성은 키가 작고 볼품이 없는 사나이였다. 형수는 시동생의 몸집이 크고 미남인데 마음이 끌리고 있었다. 마음이 있는 여자를 낚아채는 일은 쉬운 일이다.

평은 형수와 단둘이 있을 때 아슬아슬한 말을 입 밖에 냈다. 여자의 색정을 자극시켰던 것이다. 형수의 시동생을 보는 눈이 갑자기 요염해졌다. 여자가 남자를 유혹할 때 보이는 은밀한 눈빛이었다.

이쯤 되면 두 사람을 가로막고 있는 울타리를 넘기만 하면 되었다. 형이 소를 끌고 양무(陽武)로 가고 없는 사이에 평은 형수와 정을 통하고 말았다. 형수는 진평의 남성적인 매력에 매료되었다.

그후로 형수는 먹을 것을 줄 때도 싫은 내색을 하지 않았다. 오히려 맛있는 것은 아껴두었다가 평에게 먹여주기까지 했다.

"마음 걱정은 없어졌다. 이제는 느긋하게 공부할 수가 있다."

진평은 양무로 가서 학문에 힘썼다.

그후로도 형수는 시동생을 유혹하는 일이 자주 있었다. 그러나 진평은 형수와의 간통이 알려질까 두려워했다. 마음씨 좋은 형을 속일 수는 있어도 세상 사람들의 눈은 속일 수 없는 법이다.

"형수님, 우리 사이의 일이 다른 사람에게 알려지면 곤란합니다. 알려지지 않도록 내 욕을 해주십시오. 욕을 많이 하면 무사히 넘길 수 있습니다."

형수는 시동생이 시키는 대로 했다.

“우리 시동생은 게으름뱅이입니다. 일도 하지 않고 놀고만 있습니다. 밥벌레지 뭐예요.”

“학문을 한다고 해서 무슨 소용이 있습니까. 쌀겨 한 홉도 되지 않는다구요. 일하기가 싫으니까 학문을 한다고 핑계대고 있을 뿐입니다.”

형수가 퍼뜨리는 욕설이 어쩌다가 형의 귀에 들어갔다. 성은 동생을 끔찍이 생각하는 사람이었다. 성은 화를 내고 아내를 쫓아냈다. 잔꾀가 지나쳐서 큰 일이 빚어지고 만 것이다. 후회했지만 이미 때는 늦었다.

얼마 후에 형은 새 아내를 맞았다. 동생은 형에게 말했다.

“형님, 나도 아내를 맞겠어요.”

“그래 좋다.”

형은 찬성했다.

“나는 부잣집 딸을 맞고 싶어요. 인물은 못생겨도 좋아요.”

“점찍어 놓은 데가 있느냐.”

“없지도 않아요.”

호유에 장부(張負)라는 큰 부자가 있었다. 장부의 손녀는 세 번 시집을 갔지만 그때마다 남편이 죽어서, 이제는 감히 아내로 맞으려는 사람이 없었다. 평은 그 여자를 아내로 맞고 싶어했다.

‘그 여자는 다음(多陰)이다. 그 때문에 남자가 정기를 다 빨려 죽었다고 한다. 칠칠치 못한 남자들이다. 나 같으면 그런 일은 없다.’

'여자는 말과 같다. 다루는 자가 잘만 다루면 사나운 말도 온순해진다. 내가 그 여자를 아내로 맞는다면 잘 길들여 보겠는데.'

진평은 장부의 가족에게 접촉할 기회를 엿보았다.

마을의 장례식에는 많은 사람들이 모인다. 자기의 존재를 알리는 데는 알맞은 장소였다. 진평은 장례식이 있을 때마다 가서 거들어 주곤 했다. 진평은 미남자이기 때문에 남의 눈을 끌었다. 그의 출중한 외모에 주목한 사람은 부자인 장부였다.

장부는 60세가 넘은 노인이었다. 진평을 눈여겨보고 훌륭하다고 생각했던 모양이다.

"저 젊은이는 어느 집 사람이냐."

"저 사람은 진평이라고 합니다. 형인 성과 함께 살고 있습니다. 총각입니다."

장부와 다른 사람의 대화가 진평의 귀에 들려왔다. 진평은 "됐다!" 하고 생각했다. 노인의 눈에 띄었으므로 이제는 조금만 더 밀어붙이면 되는 것이다.

그날은 장례식의 뒤치다꺼리를 하고 돌아왔다. 이제 다음 기회를 기다리기로 했다. 서둘러서는 안 된다. 느긋하게 기다리고 있으면 기회는 반드시 찾아오게 마련이다.

오래 기다릴 것도 없이 며칠 후에 마을에 초상이 났다. 그 집은 장부의 친척이었다. 장례식에 장부가 올 것이다. 진평은 장례식을 도와주러 가기 전에 해둬야 할 일이 있었다.

장부는 이번에는 마음을 정할 것이다. 그는 손녀사위가 될 남자의 집을 보고 싶어할 것이다. 진평의 집은 오두막집이었다. 너무나도 초라함에 놀랄 것이다. 오두막집이라면 오두막집 나름대로 뭔가 한 가지쯤은 자랑할 만한 것을 보이고 싶다고 진평은 생각했다. 진평이 남에게 자랑할 수 있는 것이라면 양무에 가서 학문을 하는 것뿐이다.

진평은 아는 사람으로부터 안차(安車)를 빌렸다. 안차는 좌석이 있는 소형 마차다. 그 집의 아들이 진평의 친구였기 때문에 무리하게 청해서 잠깐 동안만 빌려달라고 했던 것이다.

진평은 안차를 타고 자기 집 앞을 왔다갔다했다. 비가 갠 뒤라 진흙길엔 몇 줄기의 수레바퀴 자국이 새겨졌다.

안차는 귀인이나 부유한 사람만이 탈 수 있다. 안차의 바퀴 자국이 집 앞에 새겨져 있다는 것은 진평에게 귀인이나 지식인이 찾아온다는 증거이다. 장부가 그것을 보면 진평을 장래성이 있는 유망한 사내라고 볼 것이다.

진평은 안차를 돌려준 다음 몸단장을 하고 장례식을 거들어주러 갔다. 예상대로 장부가 왔다. 진평은 평소와 다름없이 극히 자연스럽게 행동했다.

장부는 젊은이의 행동거지에 주목하고 있었는데, 보면 볼수록 진평의 체격이 크고 이목구비가 반듯했다. 노인은 자기의 손녀를 꼭 이 젊은이에게 시집보낼 생각을 했다.

장례식이 끝나고 진평은 남보다 늦게 상가를 나왔다. 진평을 뒤따라 장부가 나왔다. 장부는 진평의 뒤를 밟았다. 손녀사위감이 사는 집이 궁금했다. 가난하다고는 듣고 있었지만 가난하면 가난한 대로 보고 싶었다.

진평의 집은 마을에서 떨어져 있었다. 문은 없고 찢어진 거적이 문 대신 늘어뜨려져 있었다. 상상했던 것보다 더 빈곤한 것 같았다. 그래도 문 밖의 도로에는 귀인이 타는 안차의 바퀴 자국이 몇 줄기나 새겨져 있었다.

'진평은 학식이 있어 훌륭한 사람과 교제가 있는 모양이다. 지금은 가난하지만 언젠간 저 젊은이는 두각을 나타낼 것이 틀림없다.'

장부는 집으로 돌아가자 아들인 중(仲)에게 말했다.

"나는 손녀를 진평에게 주었으면 한다."

"진평은 가난한 주제에 일도 하지 않습니다. 놀고만 있기 때문에 마을 사람들이 그를 비웃고 있습니다. 어째서 그런 사내에게 내 딸을 주시려는 겁니까."

"그 젊은이의 풍채를 한 번 보아라. 진평은 참으로 당당한 미남자다. 옛날부터 그렇게 풍채가 훌륭한 사나이가 오랫동안 빈천했던 예가 있는가. 반드시 출세할 것이다."

마침내 진평은 장부의 손녀를 아내로 얻었다. 장부는 진평에게 돈을 빌려주어 혼례를 치르게 하고 혼례 날의 술과 고기를 살 돈도 주었다. 손녀가 시집을 가던 날 단단히 일렀다.

"남편의 집이 가난하고 해서 남편을 섬기는데 조심성이 없고 게을리해서는 안 된다. 시숙을 아버지 섬기듯이 하고 형수에게는 어머니를 섬기듯이 해라."

진평은 장씨의 딸을 아내로 맞고부터 집안 살림이 펴고 교제의 폭도 넓어졌다. 마을의 제사를 주관하며 공평하게 고기를 분배하는 일까지 맡았다.

마을의 부로들이 말했다.

"진평이 마을 제사 일을 아주 잘한다."

그 말을 듣자 진평은 혼잣말로 한탄했다.

"아아, 나에게 천하의 일을 맡겨준다면 이 고기의 분배처럼 멋지게 처리할 텐데……."

실리냐 명분이냐

진승(陳勝)이 왕이 되자 부하인 주시(周市)에게 위나라 땅을 원정, 공략케 하고 위구(魏咎)를 위왕으로 세웠다.

진평은 형에게 이별을 고하고 젊은이들 10여명을 거느리고 임제(臨濟)로 가서 위왕 구를 섬겼다. 위왕은 진평의 외모를 보고 태복(太僕)으로 삼았다. 태복은 왕의 수레와 말을 관리하는 벼슬이었다. 진평은 위왕에게 군사전략을 헌책했으나 들어주지 않았다. 게다가 진평을 중상모략하는 자가 있었다. 진평은 신변의 위험을 느끼고 도망쳤다.

그후 항우의 군대가 황하 부근에 이르자 진평은 그곳으로 가서 항우를 섬겼다. 항우를 따라 관중으로 들어갔다. 항우는 진평에게 경(卿)의 작위를 주었다. 파격적인 대우였다.

항우는 팽성에 도읍하고 서초의 패왕이 되었으나 그로부터 얼마 되지 않아 천하는 다시 어지러워졌다. 제(齊)나라 땅에서 전영(田榮)이 배반했다. 서쪽에서는 파, 촉, 한중 땅에 봉해진 유방이 한중(漢中)에서 치고 나왔다.

은왕(殷王) 사마앙(司馬卬)이 유방에 항복하자 항우는 진평에게 신무군(信武君)의 호를 주고 은왕을 치게 했다. 진평은 은왕을 치는 대신 설득해서 항복시켰다. 항우는 진평을 도위(都尉)에 임명하고 황금 400냥을 주었다.

그로부터 한 달도 채 되지 않아 은왕이 초나라를 배반했다. 배반했다기보다는 유방군의 공격을 받아서 포로가 된 것이다. 제나라를 토벌중이던 항우는 화를 내며 은나라를 평정했던 장수들을 죽이려고 했다. 진평은 주살되는 것을 두려워하여, 항우로부터 받은 황금과 인수(印綬)를 상자에 넣어 봉하고 이것을 사자에게 들려서 반납한 다음 남의 눈을 피해 도망쳤다. 목적지는 한왕 유방이 있는 곳밖에 없었다.

황하를 건널 때 배를 세냈다. 뱃사공은 진평의 옷차림이 훌륭한데도 시종이 없는 것으로 보아 틀림없이 도망중인 장군임에 틀림없다고 판단했다. 배가 강 가운데로 나왔을 때 뱃사람들에게 눈짓을 해서 진평을 죽이려고 했다.

진평은 남보다 눈치가 빨랐다. 그 낌새를 알아차리자 눈 깜짝할 사이에 옷을 벗어 던지고 알몸이 되었다.

진평은 "나도 거들어 주지." 하고 외치고, 노를 젓기 시작했다. 나는 아무 것도 가지고 있지 않아 죽여봤자 소용없다는 것을 온몸으로 보여준 것이다. 뱃사공들은 나쁜 마음을 버렸다.

진평은 수무(修武)에 이르러 한나라에 투항했다. 한군에는 전에 위왕을 섬길 때 친구인 위무지(魏無知)란 자가 있었다. 위무지의 주선으로 진평은 유방을 알현할 수 있었다.

이때 진평과 함께 유방을 배알한 사람은 7명이었다. 7명이 함께 한왕 앞으로 나아가서 식사를 했다. 식사가 끝나자 유방이 말했다.

"숙소가 준비되어 있다. 돌아가서 푹 쉬도록 하라."

6명은 황공해하며 물러나갔으나 진평은 자리에서 일어나려고 하지 않았다.

"저는 볼 일이 있어서 왔사옵니다. 오늘중으로 말씀드리지 않으면 안 됩니다."

"좋아, 어디 들어보자."

한왕은 별실로 옮겨서 진평에게 대등한 자리를 주고 경청할 자세를 취했다. 진평은 초군의 장점과 약점을 말하고 한왕으로서 취해야 할 방법을 설명했다.

"초나라에는 이용할 틈이 얼마든지 있습니다. 그 틈을 찌르면 쓰러뜨릴 수가 있을 것입니다."

유방은 기뻐했다.

"경은 초나라에 있을 때 어떤 관직에 있었는가."

"노위었습니다."

유방은 그 자리에서 진평을 도위로 임명하고 이튿날부터 왕의 수레에 합석시켜 군사를 감찰하고 다녔다. 진평의 얼굴과 이름은 순식간에 전군에 퍼졌다.

고참 장수들 사이에서 불만의 소리가 높아졌다.

"진평은 초나라의 도망병이 아니냐. 대왕은 진평이 어떤 인물인지 알지도 못하고 수레에 동승시켜 오히려 우리들 한군의 선배를 감찰시키고 있다. 납득이 가지 않는다."

한왕의 귀에 이 말이 들어갔다.

"그 사내의 미남자다운 풍채를 보라. 그 좋은 풍채만으로도 수레에 동승시킬 가치가 있다. 하물며 초나라로부터의 투항자가 아니냐. 아군의 위세가 좋다는 것을 선전하는 것도 되지 않느냐."

라고 말하고 더욱 더 진평을 특별 대우했다.

유방이 팽성 공격에 실패하고 형양성으로 들어갔을 때 진평은 부장(副將)으로 형양성 외성인 광무에 주둔하고 있었다. 부장이라고 하지만 유방의 직속 감찰관이기 때문에 군 내부의 실권을 쥐고 있었다. 그 진평이 권세를 이용해 뇌물을 받고 있다는 소문이 형양성까지 들려왔다. 주발(周勃)과 관영(灌嬰)이 대표로 유방에게 진언했다.

"진평은 미남자이긴 합니다만 관(冠)의 장식용 구슬과 같은 것에 지나지 않으며 진가는 아직 확실하지 않습니다. 진평이 형수와 간통했다는 소문이 있습니다. 또 그는 위왕을 섬겼으나 받아들여지지 않자 도망쳐서 초나라에 귀속했습니다. 초나라에서도 역시 등용되지 않자 도망쳐서 한나라에 귀속했습니다. 진평이 여러 장군들에게 돈을 받고, 뇌물의 금액이 많은 자에게는 좋은 지위를 주고 금액이 적은 자에게는 나쁜 지위밖에 주지 않는다고 합니다. 진평은 배신을 밥먹듯이 하는 자입니다. 아무쪼록 대왕께서는 이 일을 잘 헤아려 주십시오."

주발과 관영은 유방의 패현 시절부터 아는 사이였다. 신뢰가 두터운 신하로부터 그런 말을 듣자 유방도 의심하지 않을 수가 없었다.

한왕은 진평을 추천한 위무지를 불러서 문책했다.

"그러한 사실이 있느냐."

"있습니다."

"그대가 진평을 현인이라고 말한 것은 어째서냐."

"제가 말씀드린 것은 그의 재능입니다. 대왕께서 물으시는 것은 소행입니다. 지금 의리나 효행 같은 훌륭한 소행은 전투에서의 승리에 도움이 되지 않습니다. 대왕에게 어떻게 그런 인물을 등용하실 여유가 있겠습니까. 한·초가 서로 싸우고 있기 때문에 저는 뛰어난 계책을 세울 만한 인물을 추천한 것입니다. 그 인물이 갖고 있는 계략이 국가를 이롭게 하느냐 아니냐만을 생각할 뿐입니다. 형수와 간통했다느니 뇌물을 받았다느니 하는 것은 의문으로 삼을 필요가 없습니다."

유방은 과연 그렇다고 생각했지만 그래도 고참 신하로부터 고발을 받은 이상 진평 본인을 소환해서 따져물어야 했다.

진평은 소환에 응해서 형양성으로 왔다. 친구 위무지로부터 대략의 사정을 들은 다음에 유방 앞에 무릎을 꿇고 앉았다.

"그대는 위왕을 섬겼으나 뜻을 얻지 못하고 초나라를 섬기다가 떠났으며, 지금 또 나에게 속하고 있다. 진실성이 있는 사람은 원래 변덕이 심한가?"

유방은 적당한 말을 찾아내지 못했던 모양이다. 힐책하는 것 같기도 하고 그러면서도 상대의 변명을 유도하는 것 같은 방법으로 물었다.

"저는 위왕을 섬겼습니다만 위왕은 저희 헌책을 채용하지 못했습니다. 그 때문에 위나라를 떠나서 항왕을 섬겼던 것입니다. 항왕은 남을 믿지 못합니다. 그가 신임하고 총애하는 것은 항씨 일족과 처남들뿐입니다. 좋은 계책이 있어도 받아들이지를 못합니다. 그렇기 때문에 저는 초나라를 떠났던 것입니다. 그리고 한왕이 사람을 잘 등용하신다는 말을 듣고 대왕께 투항했던 것입니다. 저는 알몸인 채로 왔기 때문에 돈을 받지 않으면 여러 가지 비용을 충당할 수가 없습니다. 저희 계책에서 취할 만한 것이 있다면 아무쪼록 채용해 주십시오. 쓸 만한 것이 없으시다면, 돈은 손대지 않고 그대로 보관하고 있으므로 봉인을 해서 보낼 곳으로 보내고 작별인사를 할까 생각합니다."

'옳지, 그랬었구나.'

유방은 진평의 해명이 썩 마음에 들었다.

"내가 사람을 보는 눈이 없었다."

유방은 사과하고 진평에게 후한 상을 내리고 호군중위(護軍中尉)에 임명했다. 호군중위는 군의 핵심이면서 전군을 감찰하는 벼슬이었다. 고참인 신하들도 더 이상 감히 아무 말도 하지 않았다.

項羽劉邦

5. 항우의 참모들

"변화하는 시류에도 태연자약하시고
또 그것을 여유있게 생각하는 것이야말로
참다운 군주의 모습입니다."

—항우에게 쫓겨 도망치는 유방을 충심으로 격려하며 하후영이 했던 말

항우의 오른팔, 범증

항우가 이끄는 초나라의 대군이 용도(甬道)를 공격해 장악하고 형양성을 포위한 지 한달이 지났다.

형양성 내의 식량 창고의 군량이 놀랄 만큼 줄어들었다. 앞으로 몇 개월 지탱할지 알 수 없었다.

유방은 걱정스럽게 장량에게 물었다.

"나는 항왕에게 휴전을 제의할까 생각하는데 어떨까? 형양 서쪽을 한나라 땅으로 하고, 동쪽을 초나라가 갖는 것으로 하면 항왕이 응하지 않을까."

"어쩌면 응할지도 모릅니다. 그렇지만 항왕의 배후에는 범증이 버티고 있습니다. 범증이 딱 잘라 거절할 것입니다."

"범증이 말이지……."

"범증은 형양성에서 한군을 끝장내지 않으면 다시는 한을 멸망시킬 수가 없다고 생각하고 있을 것입니다. 한왕을 관중으로 돌려보내면 기세를 회복해서 또다시 치고나올 것으로 생각할 것입니다."

"그럴 거야……."

"휴전 제의에 응할지 어떨지 상대의 마음을 떠보는 것도 재미있습니다. 성을 포위하고 있는 항왕도 괴로울 것입니다. 항왕과 범증 사이에 서로 생각이 엇갈릴 수도 있습니다. 의견의 차이가 있으면 그 틈을 이용할 수가 있습니다."

유방은 항우에게 사자를 보내서 휴전을 제의했다. 항우는 그에 응하려고 했다. 그러자 범증이 반대했다.

"지금의 한군은 상대하기 쉬운 존재입니다. 지금 휴전을 받아들여 한을 끝장내지 않았다가는 반드시 후회할 때가 올 것입니다."

항우는 범증의 강경책을 이유로 거절 의사를 사신에게 전했다. 그리고 범증과 함께 군대를 투입해 형양성을 공격했다.

유방도 장량도 휴전이 이뤄지리라고는 생각하지 않았다. 단지 항왕과 범증의 의견이 반드시 일치하지 않는다는 사실을 안 것만으로도 수확이었다.

유방은 진평을 불러서 말했다.

"천하는 너무나도 어지럽다. 그 돌아가는 바를 알 수 없는 상태이지만, 언제쯤 진정되겠는가."

진평은 질문의 의도를 정확히 파악할 수 없었다. 천하가 돌아가는 바를 알 수 없다는 뜻은 아마도 한이 이기느냐 초가 이기느냐를 말하는 것일 터이다.

'한왕은 아무래도 초에 이길 자신이 없다. 초나라에 이길 수 있는 방법이 없을까 하고 초군의 내부 사정에 능통한 나에게 물어보고 싶은 것이겠지.'

유방의 심중을 헤아린 진평은 그 자리에서 한군과 초군의 우열을 논해 보기로 했다. 우선 항우의 사람됨부터 설명했다.

"항왕은 그 인품이 고상하고 남을 사랑하기 때문에 청렴하고 예의바른 인사들이 많이 귀속하고 있습니다."

"그렇겠지. 항왕은 뛰어난 인물이야."

유방은 수긍하듯 고개를 끄덕였다. 표정에는 시의심 같은 것은 전혀 찾아볼 수 없었다.

진평이 말을 이었다.

"그러나 항왕은 공로를 포상하여 식읍(食邑)을 줄 때가 되면 아까워서 좀처럼 주지 않습니다. 그 때문에 사람이 따르지 않습니다. 그런 항왕에 비하면 대왕은 무례하기 때문에 청렴하고 예의바른 인사가 오지 않습니다. 그렇지만 대왕은 자주 사람들에게 작읍(爵邑)을 주어서 풍족하게 하십니다. 따라서 고집스럽고 우둔하고 이익을 추구하며 후안무치한 패거리들이 많이 한에 귀속하고 있습니다. 마땅히 두 사람이 각자가 그 단점을 없애고 그 장점을 겸한다면 천하는 모두 그 휘하에 들 것입니다. 그렇지만 이것은 무리일지도 모릅니다."

유방은 단점을 지적당해도 언짢은 기색이 없다.

"여기서 초군의 내부 사정을 말씀드리겠습니다. 항왕을 보좌하고 초군을 떠받치고 있는 것은 아보(亞父)인 범증입니다. 강직한 신하로서는 종리매(鍾離眛), 용저(龍且), 주은(周殷), 계부(季父) 등이 있습니다. 이 용장들과 항왕의 관계가 친밀한 한 초는 안전합니다. 군신일체가 되고 있는 나라는 강하여 찌를 만한 틈이 없다고 합니다. 그러나 초나라의 장군들은 의외로 작읍을 받지 못하고 있습니다. 항왕이 인색하기 때문입니다. 봉토도 조금밖에 받지 못해 불만이 있습니다. 여기에 이용할 틈이 있습니다."

진평은 유방의 표정을 살피며 잠시 숨을 돌렸다.

"황왕에게는 한가지 병이 있습니다." 진평은 한마디로 잘라 말했다. "의심이라는 병입니다."

"의심이라……."

"왕과 신하의 긴밀한 유대를 끊을 수만 있다면 전력은 급속히 떨어집니다. 구체적인 계획을 말씀드린다면, 거금을 적의 진영에 뿌려서 이간을 합니다. 군신을 이간하여 서로 의심이 생기게 하면 항왕은 시의심이 강해 중상모략을 믿기 때문에 반드시 내부에서 서로 해칠 것입니다. 대왕이 만약 수만금을 저에게 내려주신다면 그들의 결속을 흐트러뜨리고 서로 시의하도록 해보이겠습니다."

유방은 고개를 끄덕였다.

"좋다. 그대가 하라는 대로 하겠다. 성내에 있는 금을 다 주겠다. 어차피 싸움에 지면 아무 것도 남지 않을 테니 말이야."

유방은 성 안의 금의 재고를 조사하여 그 중에서 4만금을 진평에게 주었다. 그리고 진평이 원하는 대로 쓰게 하고 그 쓰임새에 대해서는 불문에 부치겠다고 했다.

한군에는 초나라 출신 병사들이 많았다. 진평은 그들을 상인이나 농부로 변장시켜 성 밖으로 내보내어, 초군의 진영에 금을 뿌리게 했다.

진평은 첩자들을 향해 눈을 부릅뜨며 말했다.

"너희들이 초나라 진영으로 들어가 어떤 공을 세우는지 이 눈으로 살펴볼 거다. 공을 세우면 금을 상으로 내리겠다. 만일 죽임을 당하면 고향의 가족에게 금을 보낼 것이다."

또 그들을 통해 유언비어를 퍼뜨리게 했다. "종리매 등 여러 장군은 항왕의 장군이 되고 나서 공로가 많다. 그렇지만 땅을 쪼개서 왕으로 봉해 주지 않기 때문에 한나라 편에 서서 항씨 일족을 멸망시키고 땅을 갈라서 왕이 되고자 벼르고 있다."라는 내용이었다.

4만금이라는 막대한 금을 뿌렸지만 그 위력이 싹을 틀지 어떨지 알 수 없었다. 백 중에 몇 개만 싹 터도 좋을 것이다. 하나라도 싹이 트면 전장인 만큼 소문이 퍼지는 것은 시간문제다.

초군에서 가장 경계해야 할 인물은 항왕으로부터 아보라고 불리며 존경과 신뢰를 한몸에 받고 있는 범증이었다. 그런 범증과 항왕을 이간시킬 수가 있다면 항왕의 오른팔을 없애버린 거나 마찬가지였다.

진평은 유방에게 말했다.

"한나라와 초나라의 화친을 청하는 사자를 한 번 더 보내 주십시오."

"항왕은 응하지 않겠지. 지난번과 같은 대답을 할 것이다."

"화친이 이루어지지 않더라도 좋습니다. 이쪽에서 사자를 보내고 저쪽에서도 사자가 오면 되는 것입니다. 사자의 왕래를 이용해서 책략을 씁니다. 항왕과 범증 사이를 갈라놓으려는 겁니다. 범증은 나이를 먹어 지혜가 많아졌을 것이지만 성미가 급하고 참을성이 없습니다. 거기에 이용할 틈이 있을 것 같습니다."

"좋아, 알았다. 사자를 보내겠다."

유방은 화친을 청하는 사자를 다시 초의 진영으로 보냈다. 사자는 정중한 말로 유방의 뜻을 전했다. '나는 형양의 서쪽 영토를 다스리겠다. 그 나머지 천하는 황왕 당신 것이다.'라는 내용이었다.

말이 화친 제안이지 굴욕적인 패배 선언이나 다름없었다. 유방의 사자는 정중한 예를 갖추어 항우의 비위를 맞추려 했다.

항우의 표정에 약간 변화가 스쳤다.

'그것도 괜찮은 제안이야.'

상대가 머리를 숙이고 들어오고 또 솔직하게 자신의 약점을 드러내고 애원해올 때 항우라는 인물은 그만 마음이 약해진다.

범증은 그런 항우의 속마음을 읽고 있었다.

'또 나쁜 버릇이 나오고 있어. 이것이 항왕의 한계야.'

범증은 사신을 물러나게 한 뒤 항우에게 진지하게 말했다.

"지금 유방은 매우 어려운 처지에 놓여 있습니다. 어지간한 악조건을 내놔도 네, 네 하고 우리들이 제시한 조건을 따를 것입니다. 지금 형양의 서쪽을 유방에게 주어버리면 후일 반드시 후회하실 것입니다. 지금 숨통을 끊어놓지 않으면 적은 머지 않아 세력을 회복할 것입니다."

항우는 범증의 말만큼은 귀담아 듣는 편이었다. 다시 사신을 불렀다.

"그 제안을 받아들일 수가 없다."

사신은 거듭 읍소했지만 항우가 화친 불가를 되풀이하자 한 가지 청을 했다.

"그럼 대왕께서 형양으로 사신을 보내어 직접 한왕에게 그 말씀을 전해주시지 않겠습니까?"

이것은 진평의 책략에 의한 것이었다.

항우는 그거야 어렵지 않다고 생각하고 사자를 형양성으로 보낼 것을 약속했다. 그러면서 속으로 쾌재를 불렀다. 이참에 사자로 하여금 형양성 내부를 염탐할 수 있을 것이다.

진평이 4만금을 뿌리고나서 20일쯤 지났다. 첩자로부터 보고가 들어왔다. 항우가 부하 장군들에게 의심의 눈을 돌리기 시작했다는 것이다. 항우가 마음속으로 신뢰하는 것은 항씨 일족이었다. 그 일족들을 장군들의 보좌관으로 붙여놓았던 것이다. 보좌관은 바로 감시하는 역이었다. 유언비어가 항우의 귀에 들어갔다고 보아도 좋을 것이다.

'잘되어 나갈 것 같다. 남은 일은 범증을 항왕으로부터 떼어 놓는

일이다.'

진평은 항우의 사자가 올 것을 예측하고 접대 방법을 미리 유방에게 가르쳐 주었다.

예상대로 항우의 사자가 성 안으로 들어왔다. 유방은 임시 궁전으로 쓰고 있는 건물 밖까지 나가 사자를 맞이하고 친히 안내해서 연회실로 들어갔다.

잠시 후 요리가 운반되어 왔다. 진중의 요리라고는 생각할 수 없는 대뢰(大牢)였다. 대뢰는 소, 양, 돼지의 고기가 갖추어진 성찬을 말한다.

연회의 주재자는 진평이었다. 진평은 항우의 신하들과 안면이 있었다. 사신 중 한 사람이 진평의 얼굴을 알아보고 이야기를 걸려고 하자 진평은 그 사람을 되돌아보며 심드렁하게 뱉었다.

"아니, 범증 노인의 사자인 줄 알았더니 항왕의 사자로군."

그리고 유방에게 눈짓을 했다. 유방은 느닷없이 자리에서 벌떡 일어나더니,

"나도 아보로부터 온 사자인 줄 알았다. 그렇구나, 항왕의 사자였구나."

하고 불쾌하다는 듯이 진평에게 요리를 치우도록 명령했다.

사신들 앞에 새로 요리가 날라져 왔다. 조금 전과는 비교도 되지 않는 초라한 음식이었다. 이에 사신 쪽이 놀란 것 같았다. 굴욕도 이만저만한 굴욕이 아니다. 사신은 화친을 거절한다는 항우의 말을 전하고 서둘러 자리를 떠버렸다.

초군의 본영으로 돌아온 사신은 형양성 내에서 받은 대우를 자세하게 보고했다. 항우는 화를 냈다. 종리매, 용저 등을 의심하고 있었을 때였으므로 냉정하게 생각할 만한 여유가 없었다.

범증을 불러내어 규명하고 싶었으나, 아보라고 부르면서 공경하고 있는 만큼 그렇게 할 수도 없다. 속으로 분노가 끓었다.

그런 일을 꿈에도 모르는 범증은 많은 희생을 치르더라도 형양성을 공격해서 함락시켜야 한다고 헌책했다.

항우는 상대도 하지 않았다. 뿐만 아니라 군사회의 석상에도 범증을 부르지 않았다.

"아보는 고령이다." 라면서 최전선의 중요한 위치에서 후방의 예비부대로 전출시켜 버렸다.

범증은 노인이지만 육감이 대단했다. 뭔가가 있구나 생각하고 항우의 측근에게 은근히 알아보니 형양성에서의 일이 밝혀졌다.

"어린 놈이!"

범증은 무의식중에 외쳤다.

적의 속임수라는 것을 간파하지 못하고 그대로 믿다니 참으로 어리석구나. 이것으로 천하의 승부는 결판났다. 더 이상 있어서는 안 된다.

범증은 떠날 것을 결심하고 항우 앞으로 나아가서 말했다.

"천하의 일은 대충 정해졌습니다. 앞으로는 대왕께서 친히 다스려 주십시오. 저는 나이가 먹어서 몸이 좋지 못합니다. 고향으로 돌아가야 되겠습니다."

항우도 굳이 붙잡으려고 하지 않았다.

그러나 범증은 팽성으로 돌아가던 중 등에 종기가 나서 고통을 겪다가 덧없이 세상을 떠났다. 75세 때였다.

중국에서는 분노 때문에 악성 종기가 생긴다고 옛날부터 전해오고 있다.

때론 비정한 결단도 필요하다

달이 바뀌어 5월이 되었다. 항우로부터 범증을 떼어놓는 데는 성공했지만 그것으로 초군의 공격이 느슨해진 것은 아니었다. 항우는 세차게 공격해왔고 한군은 조개껍질 속에 몸을 움츠린 채 수비를 견고히 할 뿐이었다.

관중에 있는 소하로부터의 병참이 끊긴 지 오래고, 오창에서 식량을 조달해오던 것도 항우가 용도를 끊어버리는 바람에 그나마도 단절되고 말았다.

농성이 장기화되면 식량이 곧 바닥날 것이다. 농성전은 언젠가 원군이 온다는 전제하에 효과를 발휘하는 것인데 지금 상황으로는 그냥 말라죽을 위기에 놓인 것이다.

'이제 농성은 소용이 없어.'라고 장량은 생각했다.

여러 가지 궁리를 해보았다. 유방이 형양성을 탈출하여 관중으로 가서 군사를 재정비하여 반격을 꾀하는 방법밖에 없다. 앉아서 굶어죽느니 그런 방법이 낫다.

장량의 계책을 듣고 유방은 겁먹은 얼굴이 되었다.

"성을 빠져나가는 것이 쉽지 않겠지."

성은 초군에게 포위되어 물샐 틈 하나 없다.

"진평은 기발한 머리를 가진 사내입니다. 그에게 의논해보십시오. 그가 방책을 내놓으면 즉시 채택하십시오."

장량은 진평이 때로는 기묘하다고 할 정도의 계책을 내놓는데 대해 그 능력만큼은 인정하지 않을 수 없었다.

유방은 진평을 불러 의논했다.

잠시 생각하던 진평이 입을 열었다.

"대왕께서 탈출할 방법이 있습니다."

"어떻게?"

"대왕의 대역을 할 사람이 있으면 탈출이 가능합니다."

진평은 구체적으로 설명했다. 한왕은 식량이 떨어졌으므로 항복한다. 그렇게 말하고 성을 나간다. 항복해서 초왕의 진영으로 끌려가는 사이에 진짜 한왕은 다른 문으로 빠져나간다는 것이다. 남은 장수와 병사들이 형양성을 지키며 버틴다는 계획이었다.

'과연 기묘한 계획이로다.'

누구나 그렇게 생각했지만 왕의 대역을 할 사람은 죽임을 당할 것이 뻔하다. 그런 줄 알면서도 대역을 하겠다고 선뜻 나설 자가 있을까.

그때 자청하고 나선 사람이 있었다. 기신(紀信)이라 자였다.

그는 유방이 패현에서 빈둥거릴 때부터 쫓아다니던 사내로 이렇다 할 공적도 세우지 못하고 눈에 띄지도 않는 자였다. 유방의 무심함 때문에 애증이 얽힌 묘한 감정이었지만 깊은 속마음은 유방에 대해 한없는 흠모를 갖고 있었다.

"저는 이렇다 할 공로도 없는데 대왕의 후의를 입고 있습니다. 언젠가는 대왕을 위해 목숨을 던져야 하리라 생각했습니다. 이제 그때가 온 것 같습니다. 전 전투에서 공을 세우지도 못해 무능한 장수라고 비난받은 적이 있습니다. 제가 목숨을 내던지면 비난하던 사람들도 생각을 고쳐 다시 볼 것입니다."

유방은 기신의 요청을 받아들였다.

진평은 구체적인 계획을 짰다. 희생을 최소화하면서 확실히 탈출해야 한다. 그러기 위해서는 비정한 수단도 선택할 수 있다고 자기 자신을 타일렀다.

탈출일이 되었다.

기신은 황색 비단 덮개를 씌운 왕의 수레에 앉아 있었다.

"유방, 부탁하네."

농부 복장을 한 진짜 유방이 가짜 유방 기신에게 말했다.

"대왕, 풍읍 사람들이 모두 유방을 미워한 것만은 아니라는 걸 잊지 마십시오."

기신은 처음으로 유방에 대한 깊은 애정을 드러냈다.

"자네는 나를 좋아했구만……."

상현달이 뜬 달밤에 작전이 개시되었다.

한군은 여자들을 포함한 2천 명의 병사를 성의 동쪽 문으로 내보냈다. 사방에서 초군이 달려들어 에워쌌다. 한군의 중앙에는 왕의 수레가 있었고 수레 앞뒤로 여자들이 따르고 있었다. 여자들은 수레 안의 한왕이 가짜라는 것을 모르고 있었다.

수레를 따르던 사람이 큰 소리로 외쳤다.

"성 안의 식량이 떨어져서 한왕이 항복한다."

초군은 환성을 질렀다. 그들도 오랜 농성전에 지칠 대로 지쳐 있었다.

한왕의 항복 소식이 초군 전체로 퍼져나갔다. 그 장면을 보려고 각자의 위치를 이탈해 수레 있는 곳으로 달려왔다. 성을 포위하던 병력이 군데군데 뚫렸다.

그 틈을 타서 유방은 기마병 수십 명과 함께 서쪽 문을 통해 빠져나가 성고성으로 내달렸다. 그곳에서 일단 군을 정비한 후 소하가 있는 관중으로 향할 예정이었다.

항우는 항복한 한왕의 수레를 본진으로 끌고 오라고 명령했다. 친위대의 병사가 수레의 덮개를 올리고 한왕의 목덜미를 잡아끌어냈다. 고꾸라지듯이 하며 나온 것은 이목구비가 반듯한 예쁘장한 남자였다. 얼굴 아래쪽이 검은 수염으로 덮인 유방의 모습이 아니었다.

"누구냐, 너는?"

항우는 외마디 비명 같은 소리를 질렀다. 수레에서 나온 사내는 대답 대신 얼굴을 들어 항우를 정면으로 바라보았다.

"한왕은 어디 있느냐?"

기신이 천천히 대답했다.

"한왕은 벌써 오래 전에 다른 문으로 탈출했다. 이젠 뒤쫓아가봐야 소용없다."

"이놈을 삶아 죽여라."

항우는 흥분해서 소리를 질렀다.

전술이 아닌 전략을 생각하라

유방이 관중으로 들어가자 소하가 반갑게 맞았다. 그동안 소하는 유방의 뜻을 충실히 지켜 선정을 베풀고 있었다. 예전 진나라 시절에는 심한 흉년이었으나 금년은 풍작이었다.

소하는 부로들을 설득해 병사들을 모집했다. 유방군은 다시 군을 재편성하고 병참 물자를 갖추어 동쪽으로 나아갈 것을 밝혔다.

'형양성을 구한다.'

유방은 장수들과 병사들을 적의 포위 속에 남겨두고 온 것이 빚으로 남아 있다. 악전고투하며 버티는 그들을 구한다는 신뢰를 보여주어야 했다.

그러나 항우는 너무 강하다. 이길 자신이 없다. 그렇다고 이대로 관중에 죽치고 있으면 항우는 형양성을 함락시키고 이곳 관중까지 진격해올 것이다.

유방의 식객 중에 원생(轅生)이란 자가 헌책을 했다. 유방이 남쪽으로 움직이면 항우가 군대를 이끌고 뒤쫓을 것이므로 그동안 형양성과 성고성의 아군을 휴식시키자는 것이다. 그 사이 한신에게 명하여 제나라를 손에 넣으면 항우의 군사는 방비할 곳이 많아져 힘이 분산된다는 것이다.

유방은 원생의 계책에 따라 남쪽 완성(宛城)에 들어갔다.

"유방이 완성에 있다."

이런 소문을 퍼뜨렸다.

항우는 형양성의 포위를 풀고 공격의 화살을 남쪽으로 돌렸다.

"쥐새끼 같은 놈!"

항우는 유방을 욕했다. 도망만 치고 있는 주제에 어느 틈엔가 초군의 눈에 미치지 않는 곳에서 흘린 쌀을 찾아다니고 있는 것이다.

언젠가 범증이 수차례 얘기한 적이 있었다.

"쥐새끼(유방)가 쌀(형양성, 성고성)에 달라붙는 것과 같습니다. 쥐새끼 따위는 내버려둡시다. 그것보다도 형양과 성고를 함락시키면 쥐새끼는 갈 곳이 없어집니다."

그러나 항우는 그 말을 받아들이지 않았다.

형양과 성고를 공격해서 함락시킨다 해도 유방이 살아 있는 한 그를 쳐야 직성이 풀리는 것이 항우의 성격이었다. 쥐새끼를 잡으려면 양식을 치우는 것이 전략적인 방법이지만 전술적인 용장 항우는 먼저 유방을 잡고 싶어서 견딜 수가 없는 것이다.

항우의 군대는 완성을 포위했다. 유방은 높이 쌓은 성벽을 굳게 지키며 싸우려 하지 않았다. 싸움을 걸어도 응하지 않자 항우는 안달복달했다.

이때 양나라 땅에 있던 팽월이 초나라를 침입해 팽성 동쪽 하비까지 진격했다는 소식이 들려왔다.

항우는 몹시 노했다.

"거야의 어부 녀석! 이번에야말로 숨통을 끊어놓겠다."

항우는 포위를 풀고 팽월을 토벌하기 위해 향했다. 이 틈을 이용해서 유방은 성을 빠져나와 성고성으로 들어갔다.

항우는 천하에 용맹을 과시하는 것을 제일로 삼았다. 그에 비해 유방은 전술이 아닌 전략을 생각했다. 유방은 커다란 그릇 같은 존재이고 항우는 날카로운 송곳과 같은 존재였다.

항우는 단 한차례의 전투로 팽월군을 무찔렀다. 하지만 이번에도 팽월을 잡지 못했다. 도적떼 출신답게 팽월은 유격전에 강했다. 도주하는 것은 다음을 기약하는 것이라 생각하기 때문에 조금도 수치라고 생각지 않는 것이다. 공격하는 쪽에서 보면 이만큼 성가신 존재도 없었다.

유방이 성고성으로 들어갔다는 말을 듣자 항우는 즉각 군대를 형양성으로 돌렸다. 총공세를 펼쳐 성벽을 타고 올라가 마침내 형양성을 함락시켰다. 그 여세를 몰아 성고성으로 밀어닥칠 기세였다.

장량이 유방에게 말했다.

"북쪽으로 달아납시다. 성을 한개 내주나 두개 내주나 마찬가지입니다. 머지않아 되찾으면 됩니다."

"또 달아난다구?"

"황하 북쪽에 한신과 장이가 있습니다. 그곳으로 가서 진용을 재건합시다. 우선 대왕께서 성고성을 나가십시오. 나머지 사람들도 차례로 성을 빠져나가 사방으로 흩어지면 초군은 갈피를 잡지 못하고 대왕을 뒤쫓지 못할 것입니다. 그리고 나중에 다시 모이면 됩니다."

장량의 권고를 따라서 실패한 적이 한번도 없었다. 유방은 또다시 도망치기로 했다.

항우군이 성고성 안으로 밀려들기 시작했을 때 유방은 이미 성을 빠져나와 하후영이 마련한 사두마차에 올라탔다.

"이 몸은 또다시 도망치는 신세가 되었군. 지금 심정은 가슴이 찢어지고 비참하기 짝이 없지만 다시 생각하면 이번 피신은 앞일을 대비하는 즐거움이 되기도 할 거야."

"맞는 말씀이십니다. 지금은 사두마차라도 타고 가시네요. 이 정도를 가지고 고생이라고 말씀하실 수가 있겠습니까. 변화하는 시류에도 태연자약하시고 또 그것을 크고 여유있게 생각하시는 것이야말로 참다운 군주의 모습입니다."

하후영이 채찍을 휘두르자 유방을 태운 사두마차는 황하를 향해 쏜살같이 달리기 시작했다.

유방은 하후영이 모는 마차를 타고 도망치는 것이 이번이 두 번째였다. 팽성에서 항우에게 쫓겨 도망칠 때는 너무 두려운 나머지 아들과 딸을 마차에서 밀어 떨어뜨리기도 했었다. 그때에 비하면 이번에는 여유가 있었다.

유방과 하후영은 황하 강변에 닿았다. 갈대숲에서 누군가 숨겨놓은 배를 발견하고 하후영은 '대왕에게 천운이 따르고 있다'고 생각했다. 바람도 적당히 불어주었다.

돛을 올리자 배가 천천히 나아갔다.

"그나저나 한신이란 놈은 도대체 뭐하는 놈인지 모르겠습니다."

유방이 형양성에서 포위되고 성고성에서도 쫓겨 도망치는 중에도 한신은 구원군조차 보내지 않는 것을 비난하는 말이었다. 한신은 마지막 전투에서 조군을 격파하고 8개월이 지났는데도 아무런 행동도 취하지 않고 있었다. 바로 항하 건너쪽에서 주군인 유방이 이런 곤경에 처해 있는데도 모른 척하고 있는 것이다.

더구나 한신이 죽임을 당할 위기에서 구해주고 발탁해준 사람도 하후영 자신이 아닌가.

"수무에 도착하면 한신과 장이의 군대를 빼앗아버립시다."

유방은 팔을 베고 누워 하늘의 별을 바라볼 뿐 아무말도 하지 않았다.

"초군에 대항하기에 우리의 병력이 부족합니다. 한신과 장이로부터 인수(印綬)를 빼앗고 그들의 병력을 합치셔야 합니다."

두 사람에게 인수를 주고 조왕과 대장군으로 임명한 것은 유방 자신이었다. 그 인을 빼앗으면 더 이상 장이는 왕이 아니고 한신도 대장군이 아니다. 따라서 그들의 군사는 한왕 유방의 휘하에 들어오는 것이다.

"순순히 인을 내놓으려고 할까?"

"허를 찔러 빼앗으면 됩니다. 장이는 대왕께 은혜를 입었고, 한신도 대왕께서 발탁해주셨습니다. 위급한 경우에는 작은 희생 정도는 감수해야 합니다. 이번에 인수를 빼앗고 두 사람에게는 나중에 다시 인수를 주면 됩니다."

"그렇게 하지."

황하를 건너 수무에 도착한 두 사람은 신분을 숨기고 여관에서 하룻밤을 묵었다.

속전속결의 중요성

한신은 전투의 귀재였다. 눈깜짝할 사이에 위나라를 평정하더니 대, 조, 연을 잇따라 병합했다. 황하 이북에서 그의 손에 들어오지 않은 곳은 제나라뿐이다. 한신은 별동대의 총사령관이어서 유방 곁에 있지 않았다. 나약한 유방의 군대 중에서 유일하게 빛나는 전공을 세우는 부대였다.

유방의 측근들은 겉으론 표현하지 않지만 늘 생각하는 바가 있었다. 혹시나 '한신이 자립해 버리지나 않을까'하는 점이었다.

유방과 하후영은 이른 새벽 한신의 군영에 도착했다.

"환왕의 사자이다. 급한 볼일이다."

하후영이 큰소리로 외치고 문을 통과했다.

한신과 장이는 사이가 좋았던지 본영 내의 같은 건물 안에서 기거하고 있었다.

인수는 출진할 때는 허리에 차고 있지만 평소에는 함에 넣어 가까운 곳에 둔다. 유방이 노린 것은 인수를 넣어둔 함이었다.

하후영이 한신의 침실 앞을 지키는 경비원을 일격에 기절시켰다.

유방은 한신의 침실로 들어갔다. 한신은 여자를 품은 채 정신없이 자고 있었다.

유방은 한신이 눈치채기 전에 인수의 함을 손에 쥐었다. 장이의 침실에서는 하후영이 인수의 함을 손에 넣었다.

유방은 하후영에게 일러 한신 휘하의 장수들을 소집시켰다. 그러는 동안 한신과 장이가 놀라 깼고 인수의 함을 빼앗겼다는 것을 알았다.

침실 곁에는 한신이 늘 지니고 다니는 장검이 놓여 있었다. 한순간이면 유방을 처치하고 상황을 뒤집을 수도 있다. 그러나 한신은 유방에게서 왠지 모를 위압감을 느꼈다. 평소에는 느껴보지 못한 강력한 카리스마였다.

한신과 장이는 무릎을 꿇고 명령을 기다렸다.

"오늘부터 내가 상장군을 겸한다. 장이는 조나라에서 병사를 모으고 한신은 병사 2천을 데리고 제나라를 치도록 하라."

"삼가 명령에 따르겠습니다."

나이를 먹은 장이가 먼저 복종의 대답을 했다. 한신도 따라 대답했다.

유방의 뒤에는 하후영이 서 있었다. 한신은 유방의 기에 압도당하고 있었을 뿐만 아니라 은혜를 입은 두 사람에게 반항할 수가 없었던 것이다.

잠시 후 장수들이 모여들자 유방은 일동에게 명령했다.

"지금부터 내가 한신을 대신하여 그대들을 지휘한다."

그리고 즉각 여러 장수들의 배치를 바꾸고 인사 이동을 했다. 이 모든 것이 군대의 사기를 쇄신하기 위해서였다. 지금까지는 전투나 행정을 부하들에게 맡기고 일체 관여하지 않던 유방이지만 이때만큼은 딴사람처럼 신속하게 처리해서 한신의 군대를 장악해버린 것이다.

유방은 새로 편성한 군대를 이끌고 소수무(小修武)로 본영을 옮겼다. 이때 이미 형양성과 성고성은 초군에 함락되었고 사방으로 흩어진 한의 병사들이 속속 소수무의 유방에게로 모여들었다. 한군의 사기가 다시 높아졌다.

한신은 2천 명을 거느리고 제를 향해 출발했다. 유방은 출발에 즈음해서 한신을 승상의 윗자리인 상국(相國)에 임명했다. 한신의 군대를 빼앗은 것에 대한 보상 차원에서였다.

한편으로 유방은 또 다른 계획을 추진했다. 유자 역이기를 활용하는 방안이었다.

세 치 혀가 칼보다 위험하다

식객(食客)이란 신분이 있다. 어떤 실력자에게 의탁하며 의견이나 정보 등을 제공하는 일종의 정치 분석가를 말한다. 역이기(酈食其)는 유방이 패공 시절에 그의 휘하에 들어간 식객이었다. 유방은 그를 선생이란 의미의 '역생'이라 불렀다.

역이기는 유방의 힘을 빌려 유교적 이상을 실현하려는 뜻을 품고 있었다. 때문에 그의 헌책은 너무 비현실적인 내용이었다. 역이기의 매끄러운 언변에 유방이 마음을 빼앗기면 장량은 그것을 뒷수습하느라 진땀을 빼곤 했다.

역이기가 유방에게 헌책했다.

"한신의 2천 군사로 제의 20만 대군을 상대할 수는 없습니다. 대왕께서 대군을 파견하시더라도 짧은 시일내에 제를 무찌를 수가 없습니다. 그 사이 초와 한의 싸움이 결판난다면 제나라 토벌은 의미가 없어집니다."

역이기는 유방이 우려하는 바를 콕 집어 지적했다.

"무슨 좋은 수가 있는가."

"지금 제의 실질적인 권력자는 재상 전횡입니다. 전횡은 저와 같은 유자입니다. 제가 가서 전횡을 설득하여 전쟁을 치르지 않고 한나라에 귀속시켜 보겠습니다."

'손해볼 것은 없지.'

유방은 속으로 생각했다.

"그래 선생이 가주겠소?"

역이기가 제왕을 설득하는 동안 제는 경계를 늦출 것이다. 그때 한신이 쳐들어가면 쉽게 공략할 수 있을지도 모른다. 경우에 따라서 역이기가 살해당할지도 모른다.

'역이기도 그 정도는 각오하고 있겠지.'

언변으로 처세하는 사람은 혀가 칼보다 더 위험하다는 것을 그도 잘 알고 있을 것이다.

"수고스럽지만 선생이 가주어야겠소."

유방은 역이기가 제로 가는 것을 허락했다.

역이기는 70세에 가까운 나이다. 그가 자청해서 제로 가는 것은 유방에 대한 충성심도 개인의 영달 때문도 아니었다. 유방으로 하여금 천하를 제패해서 유교를 널리 보급시키고자 하는 한 가지 염원 때문이었다.

사사건건 예를 따지는 유자들을 싫어하는 유방이지만 천하를 통일하면 유교의 이념을 받아들여야 할 것이다. 군신간의 예를 지키고 위계질서를 바로세우기 위해서라도 유교적 이념을 받아들일 것이라고 역이기는 믿었다.

역이기는 200명의 수행원을 거느리고 제의 수도 임치로 향했다.

제의 재상 전횡이 역이기 일행을 정중하게 맞았다.

'이 사람이 전횡이구나.'

전횡은 온몸으로 호의를 보이며 맞았다. 그리고 역이기에게 제왕을 배알토록 했다.

초와 한의 정세를 저울질하고는 있지만 융숭하게 접대하는 것을 보면 한왕의 사신에 호의를 갖고 있다는 것을 엿볼 수 있었다.

역이기는 제왕에게 유방의 친서를 건넨 후 입을 열었다.

"왕께서는 천하가 돌아가는 바를 알고 계십니까?"

"모르오."

"왕께서 천하가 돌아가는 바를 아신다면 제를 보전할 수 있지만 그렇지 않다면 제를 보전할 수 없을 것입니다."

"천하가 어디로 돌아가오?"

"한으로 돌아갈 것입니다."

"어떤 이유로 그렇게 말씀하는 것이오."

역이기는 화려한 언변을 풀어놓았다.

초와 한의 우열을 분석하고 초의 치명적인 결함을 과장해서 말했다. 항우가 옹졸하고 인재를 등용하지 않고 항씨 일족으로만 등용한다는 것, 성격이 잔인하여 많은 사람을 죽였다는 것, 특히 자신의 주군 의제를 죽였다는 것을 예로 들었다.

반면 유방에 대해서는 정반대로 말했다. 의를 존중하고 도량이 넓으며 인재를 등용하고 사람의 목숨을 소중히 여긴다고 했다. 그 말은 역이기의 본심보다 과장됐는데, 그가 이상적으로 생각하는 군주상을 유방에게 갖다붙인 것이다.

"항왕은 싸움에는 강하지만 보급에는 어둡습니다. 한은 곡창인 오창을 손에 넣었지만 초군은 본국인 팽성에서 날라와야 합니다."

형양성과 성고성이 이미 초군의 손에 들어갔지만 역이기는 거짓

말을 했다.

"조만간 초군은 식량이 궁해지고, 한에 패배할 것이 뻔합니다. 한시라도 빨리 한에게 귀속하시는 것이 제의 사직을 안전하게 보전하는 길입니다."

제왕은 한을 편들기로 결정하고 주연을 베풀었다.

역이기는 술에 취해 기분좋게 말했다.

"멀리 제나라까지 찾아온 보람이 있습니다. 한왕과 제나라가 손을 잡은 이상 초가 질 것은 분명합니다. 한왕의 천하가 되면 나는 한제국에 유교를 널리 보급하고자 합니다."

역이기는 기쁘고 취한 나머지 자신의 포부까지도 드러냈다.

연일 주연이 계속되었다. 제왕은 성의 수비를 철수시키고 병사들을 각자의 고향으로 돌려보냈다.

세객(說客) 역이기와 괴통

유방은 역이기를 제나라로 보내 화친을 제의하는 한편 한신에게는 제를 토벌하라는 명령을 내렸다. 한신은 병사를 모으는데 시간이 걸렸다. 겨우 군을 편성하고 제나라로 향한 것은 역이기가 한의 사자로서 제나라에 도착한 후의 일이었다.

한신은 역이기가 화친을 성립시키기 위해 임치로 파견되었다는 것을 까맣게 모르고 있었다. 역이기가 제왕을 설득하여 한과 제 사이에 우호관계가 맺어진 것도 물론 알 턱이 없었다.

한신은 동쪽으로 진군해서 국경 가까이에 이르렀을 때야 비로소 제가 한에 귀속한 것을 알게 되었다.

"한과 제 사이에 화친이 성립되었다고?"

한신은 맥이 빠졌다. 한왕은 자신에게 알리지도 않고 화친의 사신을 보냈다. 한신의 기분이 좋을 리가 없었다. 한왕은 무책임한 사람이라고 생각했다.

무력으로 제압하기보다 화의로 귀속시키는 것이 더 빠르다고 생각한 모양이지. 아니면 주제넘게 나서기 좋아하는 역이기가 자청해서 사신의 역을 맡아 제로 간 것일까.

'화의로 제를 귀속시킬 수 있다면 물론 빠르다. 병력의 손실도 없다. 그렇지만 화의를 성립시켜보았자 그것은 일시적인 것이다. 정세가 바뀌면 제는 또 배반한다.'

한신은 불쾌함을 억누르며 진군을 멈추었다.

한신의 휘하에 있던 식객 괴통(蒯通)이란 자가 말했다.

"장군께서는 이곳에 머무르시겠습니까?"

"하는수없지 않소. 역이기 노인이 화의를 성립시켰다고 하니 말이야. 그것을 깨뜨리는 것도 실례가 되겠지."

한신에게는 선량한 면이 있었다. 역이기를 몰아내고라도 공을 세우려는 생각은 추호도 없었다.

"장군은 명령을 받고 제를 치려 하는데, 한은 따로 밀사를 보내 제를 귀속시켰습니다. 이것은 도리에 맞지 않습니다."

듣고보니 그렇기도 했다. 제로 가지 않는다면 모집한 병사들을 어디로 보내면 좋단 말인가.

"역이기는 일개 유자 퇴물이 아닙니까. 세치 혀를 휘둘러 제의 70여개 성을 항복시켰습니다. 장군은 수만 명의 병사를 이끌고 겨우 제의 50여개 성을 항복시킨데 그쳤습니다. 장군이 된지 수년이 지났으면서도 한 사람의 시시한 유자의 공에도 미치지 못한다면 말이 됩니까?"

괴통은 은근히 한신을 자극했다.

"그럼 제를 치라는 것이오?"

"그렇습니다. 제는 화의가 성립되어서 경계를 늦추고 있을 것입니다. 국경의 성을 함락시키고 단숨에 밀고 들어가야 합니다."

급선무는 병사들을 부양하는 일이었다. 양식을 얻기 위해서는 적지를 공략해야 한다. 뿐만 아니라 목표를 잃은 군대만큼 다루기 어려운 것도 없다. 제를 토벌한다고 병사를 모집했고, 그들은 공을 세우고 상을 받을 기대에 부풀어 있을 것이다.

'제를 치자.'

한신의 마음은 결정되었다.

한신의 군대는 평원진에서 황하를 건넜다. 역성을 함락시키는 데는 반나절밖에 걸리지 않았다. 수도인 임치까지는 가로막는 병력조차 없어 텅빈 들판을 지나는 것과 마찬가지였다.

임치에 들이닥치자 제왕은 몹시 놀랐다. 한과 제의 화의가 성립되자 병사들도 귀환시켰다. 역이기에게 속았다고 생각했다.

제왕은 역이기를 묶었다.

"이 유자 놈아, 나를 속였겠다."

"속인 것이 아니오. 내 소신을 관철시켰을 뿐이오."

"속인 것이 아니라면 한신의 습격을 막아보아라. 그러지 못하면 삶아죽이겠다."

"목숨이 아까워서 한신에게 갈 수는 없소. 역이기라는 사내가 제나라를 팔아먹은 것이 아니라는 것은 역사가 증명해줄 것이오."

제왕은 역이기를 큰 가마솥에 삶아 죽였다.

제왕은 항우에게 급히 사자를 보내 구원을 요청하는 동시에 동쪽으로 달아났다.

그러는 동안 한신은 싸움 한번 하지 않고 자연스레 제나라를 접수했다.

심리전에 대비하라

유방이 황하를 건너 소수무에 본영을 두고 있을 때, 항우는 유방에게서 빼앗은 성고성에 있었다. 황하를 사이에 두고 유방이 강을 건너 남하해오면 일격에 쓰러뜨릴 계획이었다. 그러나 쥐새끼 같은 유방은 황하를 건널 생각을 하지 않는다.

그때 팽월이 또다시 양의 땅을 쳐들어왔다는 소식이 들려왔다. 더구나 한군까지 가세하고 있다고 했다. 양의 땅이 한군의 손에 들어가면 형양과 성고에 있는 초군은 고립되어 식량 조달이 끊길 우려가 있다.

"이번에야말로 팽월을 잡아 죽이겠다."

항우는 팽월을 토벌하러 출발하며 조구에게 일렀다.

"조심해서 성고성을 지켜라. 한군이 싸움을 걸어오더라도 나가 싸우지 말아라. 나는 보름 안에 팽월을 죽이고 다시 그대들과 합류할 것이다."

팽월을 토벌하러 떠나기 전, 항우는 제왕이 보낸 사신을 맞았다. 한신에게 임치를 함락당하고 도망치던 제왕이 구원을 요청한 것이다. 항우는 단숨에 달려가 한신을 치고 싶었지만 제에 가려면 왕복에만 한달이 족히 걸리는 거리였다. 대신 용저를 보내 한신을 치기로 했다.

"명심하라. 한신은 기묘한 술책을 쓰기를 좋아한다. 그놈이 술수를 쓸 틈을 주지 말고 당당히 전면전을 벌여라. 기책을 쓰기 좋은 산간 벽지에서 싸우는 것은 피하라."

그렇게 용저에게 이르고 항우는 팽월을 치기 위해 달려가 세찬 기세로 외황성을 공격했다. 그러나 이번에도 팽월은 항우가 친히 지휘한다는 것을 알고 달아난 뒤였다.

유방은 항우가 없는 동안 성고성을 함락시켜야 했다. 그러나 대응을 하지 말라는 항우의 명을 받은 초군은 싸움에 반응을 보이지 않았다.

유방은 상당이 연색한 대로 초군을 상대로 심리전을 계획했다.

소하가 모아온 병졸들로 '욕설부대'를 만들어서 욕설 교육을 시켰다. 욕설부대는 성고성을 향해 날마다 초군에게 모욕적인 욕설을 퍼부었다. 그러나 초군은 여전히 꿈쩍하지 않았다. 한군은 다시 욕설부대 300여명에게 징과 북을 울리게 한 다음 밤낮을 가리지 않고 성 앞에서 초군에게 욕설을 퍼부어댔다.

초나라 장수가 불쌍한 원숭이라면
초나라 병사는 처참한 새끼 원숭이
원숭이의 무리가 날뛰어봤자
우리들 귀한 가문에 어찌 따를소냐
사람과 원숭이는 하늘과 땅의 차이가 있는 것
그 증거로 너희들 궁둥이에는
아직도 꼬리가 남아 있지

욕설부대의 욕지꺼리가 6일째 계속되자 초나라의 장수 조구는 참다 못해 성 밖으로 치고 나왔다.

초병은 강하고 사나웠다. 한군은 밀려서 후퇴했다. 5개월 전 유방이 가짜 유방을 내세워 형양성을 탈출할 때도 조구가 선두에서 성벽을 돌입했고 내친 김에 성고성까지 함락시켰었다. 그런 조구였기에 유방의 군대 따위가 얼마나 강하겠느냐, 하는 교만이 있었다.

초군은 한군을 추격하여 사수(汜水)를 건넜다. 초군이 반쯤 건넜을 때 미리 매복하고 있던 한군들이 화살을 쏘아댔다. 초나라 병사들은 뿔뿔이 도망을 갔고 조구는 사수에 몸을 던져 자살을 했다.

한군은 성고성을 되찾고 초군의 금은보화를 모두 빼앗았다. 그 여세를 몰아 동쪽 형양성을 포위했다. 형양성은 항우의 용장 종리매가 지키고 있었다.

그러나 사수에서의 패배 소식을 들은 항우가 급히 형양성으로 되돌아오자 유방의 병사들은 다시 움츠러들었다. 항우와 정면으로 싸워봤자 도저히 이길 수는 없다. 초군과의 정면 대결을 피하자는 것이 장량의 일관된 전투 방침이었다.

유방은 성고성에 수비병을 두고 자신은 주력군을 이끌고 광무산의 험한 지역에서 대치하기로 했다. 광무산에서 황하의 절벽까지 견고한 요새를 쌓았다.

광무산은 동쪽과 서쪽에 봉우리 두 개가 나란히 마주보고 있는 지형이다. 봉우리 사이는 가파른 경사의 낭떠러지이다. 한군은 서쪽 봉우리에 울타리를 치고 망루를 세웠다.

"겁쟁이 유방이란 놈이 산으로 올라갔구나."

항우는 서쪽 봉우리로 이어지는 성고성을 공격했으나 저항이 만만치 않자 포기하고 동쪽 봉우리에 진지를 구축했다. 한군을 마주보는 봉우리에 초군의 요새가 만들어진 것이다.

이와 때를 같이 하여 한군 쪽에서는 요새와 황하를 잇는 거대한 장벽을 쌓았고, 장벽 안쪽으로 식량을 나를 수 있는 길도 만들어졌다. 위수와 황하의 물길을 따라 운반되어온 곡식이 광무산 한군의 요새까지 운반될 수 있는 구조를 갖춘 것이다. 군량의 보급로가 확보되었으니 이제 장기전으로 돌입해도 불리할 것이 없다고 장량은 생각했다.

방심이 가져온 패배

초의 장군 용저가 20만 대군을 이끌고 제를 구원하러 떠났다는 소식에도 한신은 놀라지 않았다. 예측했던 일이었다.

항우의 맹장인 용저는 전투에 절대적인 자신이 있었다. 이번 전투의 상대는 한신이다. 용저는 예전 항우 휘하의 한신을 잘 알고 있었다. 겉으론 억세게 생겼지만 겁쟁이로 알려져 있다. 고향에서 백정의 가랑이 밑을 기어나와 봉변을 면했다는 얘기도 있다. 어쩌다가 유방의 눈에 들어 장군까지 오른 것이리라.

"한신은 운이 좋아 여기까지 온 거지."

용저는 한신을 과소 평가했다. 초군이 얼마나 강한지 본때를 보여주리라 생각했다.

한신은 용저가 임치를 향해 정공법으로 공격해올 것이냐, 산동반도의 고밀성으로 들어갈 것이냐에 관심이 쏠려 있었다. 피차에 전력이 엇비슷하다면 정공법으로 적을 섬멸시키기란 여간 어려운 것이 아니다. 그렇다면 고밀성에서 군사를 재정비한 다음 흩어져 있던 제나라 군사들과 협력해서 임치를 포위할 것이라고 한신은 생각했다.

한신의 추측대로 용저는 유수를 건너 고밀성으로 들어갔다. 초군이 고밀성으로 들어간 이상 한신 쪽에서 공격을 해야 한다. 적지에서 오랜 시간을 끌 수는 없다. 자칫 고립을 당할 수도 있다. 어떡해서든지 용저를 전투에 끌어내야 한다.

한신은 유수(濰水)의 강물이 보이는 곳까지 이르러 진격을 멈추고 나직이 중얼거렸다.

"만약 초군이 싸움에 응하지 않는다면 우리만 고달프게 된다."

용저의 진영에 양경이란 자가 식객으로 있었다. 그가 용저에게 헌책했다.

"한신군은 먼 곳에서 쳐들어왔기에 힘껏 싸워 그 기세가 만만치 않을 것입니다. 반면 제와 초는 자신의 영내에서 싸우기 때문에 흩어지기 쉽습니다. 흩어진 제의 군사들을 다시 불러모으고 초의 원군이 와 있음을 알린다면 싸우지 않고 한신을 항복시킬 수 있을 겁니다."

용저는 귀담아 들으려고도 하지 않았다.

'시덥지 않은 소리 다 하고 있네.'

자국 내에서의 결전은 피하라는 것은 병법에 나와 있는 얘기다. 새로울 것도 없는 계책이었다.

"나는 한신의 인품을 잘 알고 있소. 그는 빨래하던 노파에게 밥을 얻어먹을 만큼 못난 사내요. 기껏 싸우러 와서 항복을 시킨다면 내게 무슨 공적이 남겠소."

용저는 급기야 싸우기로 작정했다.

한신의 군사는 유수를 목표로 진격해왔다. 유수를 건너면 고밀성이 바로 눈앞이다. 강 건너 성 위에는 초군과 제의 깃발이 펄럭이고 있었다.

겨울이라 유수의 물이 말라 있다고 해도 말과 군사가 건너기에는 무리다. 수심이 무릎 아래여야 한다. 한신은 유수의 강물에 눈길을 던지며 생각에 잠겼다.

'그렇다. 강물을 막으면 된다.'

한신은 상류 쪽으로 말을 몰았다. 강물이 얕은 곳도 있고 물살이 센 곳도 있다. 얕은 곳은 말의 다리가 잠길 정도였다.

"여기다. 여기면 강물을 막을 수 있다!"

한신은 진영으로 돌아오자 2만여 개의 모래 포대를 만들게 했다. 밤새 만든 모래 포대를 상류로 날라 수심이 얕은 곳에 쌓았다. 날이 밝기 전에 둑이 완성되었다.

날이 밝자 한신의 군대는 줄어든 강물을 건너 초군을 향해 진격했다.

용저는 "드디어 왔구나."라며 무릎을 쳤다.

초군은 당당하게 정공법으로 밀고 나갔다. 초군은 강했다. 사방에서 긁어모은 한신의 오합지졸과는 상대가 되지 않았다. 맞붙자마자 한신의 군사는 무너져 도망치기 시작했다.

"보았느냐, 저 겁쟁이 한신의 꼴을!"

용저는 호쾌하게 웃었다. 설령 한신이 속임수로 도망친다 해도 괜찮았다. 잡아서 목을 베면 그만이다.

한신의 군사들은 깃발도 내던지고 유수를 건너 도망쳤다. 그 뒤를 초군이 추격했다.

초군이 강을 절반쯤 건넜을 때 한신은 미리 짠 대로 상류의 둑을 무너뜨렸다. 강을 건너던 초군은 물살에 휩쓸려갔고 이미 건넌 초군들은 퇴로가 막혀 고립상태에 빠졌다. 그 속에 용저도 있었다.

용저는 격렬하게 싸웠지만 여러 개의 화살을 맞고 말에서 떨어졌고 한신의 군사에 의해 목이 베어졌다. 미처 도망치지 못한 군사들은 모두 항복했다.

이렇게 제는 한신의 손에 멸망했다.

項羽劉邦

6. 천하를 얻는 자의 조건

"호랑이도 망설이면 벌이 쏘는 것만 못하고,
기린도 제자리걸음 하면 노새에 미치지 못하고,
용장도 주저하면 아이의 행동에 미치지 못합니다."

—한신에게 유방을 배신하라고 부추기며 괴통이 했던 말

항우와 유방 천하를 나누다

광무산 동서쪽에서 서로 대치하고 있는 초·한 양군의 교착 상태가 계속되고 있었다. 유방은 시간이 지날수록 한군이 유리하다고 보았다. 한군이 관중으로부터 보급이 순조로운 반면 초군은 팽월의 공격으로 보급 루트가 끊겼기 때문이다.

더구나 제에서 한신의 세력이 날로 강해지고 있어 항우의 초조감은 더해갔다. 단 한가지 유방을 위협할 카드를 갖고 있었다. 포로로 체포해두었던 유방의 아버지 태공과 처 여씨였다.

광무산의 동쪽 봉우리를 초성(楚城), 서쪽 봉우리를 한성(漢城)이라고 불렀는데 두 봉우리 사이는 2백보 정도밖에 안 된다. 서로 부르면 대답할 수 있을 만큼 가까웠다 항우는 축대를 만들어 태공을 그 위에 세워놓고 맞은편 한성을 향해 소리쳤다.

"지금 바로 항복하지 않으면 네 애비 태공을 삶아 죽이겠다."

유방이 대답했다.

"나는 전에 너와 형제의 의를 맺었다. 그러므로 내 아버지는 곧 너의 아버지이기도 하다. 무슨 일이 있어도 네가 아버지를 죽이겠다면 하늘에 자신의 수치를 보이는 어리석은 원숭이보다 못한 행위다. 너의 지혜라는 것이 고작 살육이나 하는 그런 정도란 말인가. 장수로서 참으로 불쌍한 인간이다. 만약 아버지가 다 익거든 나에게 따끈한 국물이라도 한 그릇 보내준다면 그것으로 족하다."

항우는 격분해서 유방의 아비를 정말로 죽이려고 했다. 숙부 항백이 만류했다.

"천하의 일은 아직 어떻게 될는지 모른다. 그리고 천하를 갖겠다는 사람은 결코 가족에 연연하지 않는다. 죽여봤자 쓸데없이 인심만 잃고 화만 키우는 격이 될 것이다."

항우는 끓어오르는 격정을 간신히 억눌렀다.

한·초 양쪽 군사들은 오랜 동안 대치한 채 시간만 흘려 보냈다. 그런 사이 초군의 군량이 바닥나기 시작했고 항우는 초조해졌다. 항우는 유방에게 사자를 보내 제안했다.

"세상이 어지럽게 된 것은 오직 우리 두 사람 탓이다. 그대와 나 둘이 단신으로 싸워서 어느 쪽이 이기든 결판을 내서 더 이상 백성들을 괴롭히지 말자."

이에 유방은 웃으면서 "나는 지혜를 가지고 싸우겠다. 힘으로 결판을 내려고 하다니 어리석은 짓이다."라고 일축했다.

"이 비겁한 패의 불한당 놈아! 겁쟁이 등신!"

피하는 것도 한두 번이다. 이쯤 되면 한군 전체의 사기에도 영향을 미친다. 사기를 진작시킬 방법이 없을까 유방은 장량에게 의논했다.

"항왕은 용맹한 성격 탓에 남이 못하는 짓도 많이 했습니다. 그것을 비난하면 어떻겠습니까."

"거 좋은 생각이군."

유방은 벼랑을 내려가서 바위 위에 섰다. 그리고 큰소리로 항우를 불렀다.

"항왕이여 내 말을 들으라!"

이윽고 항우도 벼랑끝으로 내려왔다.

유방은 평소의 그답지 않게 우렁차게 소리를 질렀다.

"나는 너와 함께 초왕을 모시고 관중을 공격했는데 그때 초왕은 제일 먼저 관중을 평정한 사람을 왕으로 삼겠다고 말했다. 너는 그 약속을 어기고 나를 한중으로 쫓아보냈다. 이것이 네가 저지른 첫번째 잘못이다.

또 너는 초왕의 명령이라고 속이고 송의(宋義) 장군을 죽이고 스스로 대장군이 되었다. 이것이 네가 저지른 두번째 잘못이다. 또 너는 조(趙)를 도와 일이 끝났으면 돌아가서 초왕에게 이를 보고해야 하거늘 제멋대로 제후의 병사들을 이끌고 함곡관에 들어갔다.

이것이 너의 세번째 잘못이다. 초왕께서는 진나라에 들어가면 함부로 약탈을 하지 말라고 당부했는데, 너는 진나라의 궁궐을 불태우고 시황제의 묘를 파고 그 재물을 차지했다. 이것이 네번째 잘못이다. 너는 또 항복한 진왕 영을 죽였다. 이것이 바로 너의 다섯번째 잘못이다.

너는 진나라의 젊은이 20만 명을 신안에서 구덩이에 생매장한 다음 그 일을 행한 장수를 왕으로 봉했다. 이것이 너의 여섯번째 잘못이다. 너는 자신의 수하 장수들을 왕으로 삼았다. 이 같은 행위는 주군인 초왕에게 반역을 하는 행위나 다름없는 일이었다. 이것이 너의 일곱번째 잘못이다.

너는 초왕을 축출하고 스스로 팽성을 도읍으로 삼아 한왕(韓王)의 땅을 빼앗았으며 양과 초의 땅을 병합하여 광대한 지역을 약탈해 스스로 왕이 되었다. 이것이 너의 여덟번째 잘못이다. 너는 부하들을 시켜 우리들의 주군이었던 초왕을 강남에서 살해했다. 이것이 너의 아홉번째 잘못이다.

마지막으로 너는 신하의 몸으로 주군을 살해하고, 항복한 무고한 사람들을 죽였으며, 정사를 불공평하게 집행하고, 스스로 한 약속을 파기한 것은 신의를 저버린 행위로, 천하가 너를 받아들일 수 없는 대역무도한 너의 열번째 잘못이다.

이렇게 말하는 나 유방은 지금 정의로운 군대를 이끌고 주군에 반역한 잔당들을 주살하려 하고 있다. 무엇 때문에 내가 너의 도전을 받고 싸운단 말이냐."

유방의 성토를 들은 항우는 분노했다. 엎드리고 있던 궁사들에게 일제히 유방을 향해 화살을 쏘도록 명령했다. 수많은 화살들이 일제히 날아갔다. 그 중 한개가 유방의 오른쪽 가슴에 꽂혔다. 유방은 고통에 못 이겨 그 자리에 쓰러졌으나 곧 일어났다.

"오랑캐 놈이 내 발가락을 맞혔다."라며 발가락을 주물러 보였다.

유방이 성고성 안으로 실려가 누워 있는데 장량이 왔다.

"왕께서는 지금 그 정도의 상처로 누워 계셔서는 안 됩니다. 다행히 화살이 오른쪽 가슴에 맞았습니다. 만일 화살이 왼쪽 가슴에 맞았더라면 정말 큰일날 뻔했습니다. 이는 참으로 하늘이 돌본다고 하지 않을 수 없는 일입니다."

장량은 가슴 통증으로 아파하는 유방에게 말했다.

"지금 병사들은 불안해하고 있습니다. 진중을 순회하시어 무사하신 모습을 보여주시고 병사들을 안심시켜야 합니다."

유방은 장량의 말에 따라 가마를 타고 한성 봉우리에서 골짜기까지 순행했다. 성고성에서 상처를 치료한 다음 관중으로 갔다. 유방이 부상당했다는 소문은 이미 한의 근거지인 관중까지 퍼졌다. 백성들의 불안을 잠재우기 위해서 들어간 것이다.

관중에는 태자 영(盈)을 보좌하며 승상 소하가 선정을 베풀고 있어 백성들의 살림도 궁색하지 않았다. 소하는 관중에서 병사를 모집해 속속 성고성으로 보냈고 이 때문에 날이 갈수록 한군의 사기도 높아졌다.

과욕이 화를 부른다

유수(濰水)의 싸움에서 항우의 맹장 용저를 격파한 한신은 그 이름을 더욱 떨치게 되었다. 한신은 이제 항우와 유방에 맞설 만한 세력을 갖고 있었다. 그들과 천하를 놓고 다퉈도 지지 않는다. 이렇게 생각한 인물이 종횡가인 괴통이었다.

괴통은 정형구의 싸움에서 대승한 한신의 전법을 보고 놀랐었다.

'한신은 불세출의 천재이다. 몇백 년에 한번 나올까 말까한 인물이다. 한신의 재능이라면 천하를 평정할 수 있을 것이다.'

종횡가는 스스로 왕후의 자리에 앉기를 원하지 않는다. 큰 인물을 찾아 그로 하여금 천하를 잡게 한다. 지금은 항우와 유방이 천하를 다투고 있다. 거기에 한신이 한 다리 끼는 것이다. 괴통은 한신이라는 군사의 천재를 키워 세 사람이 천하를 다투게 만드는 것도 재미있는 일이라고 생각했다.

한신은 군사에서 이좌차를 외교에서 괴통을 등용하고 있었다.

초의 맹장 용저를 죽이고 제왕과 그 일족을 물리친 한신은 사실상 제나라의 주인이나 다름없다. 한신은 남은 적들을 소탕하기에 여념이 없다.

'한신은 왕이 되고 싶은 것이다. 저렇듯 제나라를 평정하느라 열심인 것은 제의 왕이 되고 싶기 때문이야.'

괴통은 우선 한신을 제왕이 되도록 해야 한다고 생각했다.

'제왕이 되면 자신이 얼마나 큰 인물인가를 깨닫고 천하를 겨뤄

볼 생각이 나겠지.'

인간은 한 단계 오르고나면 다음 단계에 오르고 싶어한다. 도중에서 내려올 수는 없다. 한 국가의 왕쯤 되면 주위의 인간들이 내려오지 못하게 하는 것이다.

괴통이 한신에게 진언했다.

"제를 다스리려면 장군께서 왕이 되시는 편이 좋을 듯합니다. 왕이 되어야 제의 백성이 진심으로 복종합니다. 제의 백성은 한의 장군에게 통치를 받고 있다고 생각하면 언제까지나 반항심을 버리지 않을 것입니다."

한신은 생각했다. 그 역시 장군보다는 왕이 되고 싶다. 그러나 지금 당장 왕이 되어도 괜찮은 것일까.

"나는 한왕으로부터 파견된 장군이라네."

"그렇다면 임시 왕은 어떻습니까. 임시 왕이라면 한왕도 인정할 것입니다."

"임시 왕이라……."

한신은 괴통의 권유에 따랐다.

한신은 제의 임시 왕이 되어 평정하고 싶다는 뜻을 적어 유방에게 보냈다.

유방이 한신의 편지를 받은 것은 광무산에서 초군의 화살에 부상을 입고 누워 있던 중이었다. 도무지 전세는 한군에 유리하게 돌아가지 않고 지루한 대치가 계속되어 지칠 대로 지쳐 있던 참이었다.

유방은 하루에도 몇 번씩 장량에게 울상을 지으며 탄식을 했다.

"이젠 틀렸어."

그러면 장량은 상냥한 목소리로 유방을 달래곤 하던 때였다.

유방은 한신의 편지를 읽었다.

"제는 거짓에 차 있어 변심을 일삼는 나라입니다. 게다가 초와 국경을 접하고 있습니다. 임시라도 왕으로 세워 평정하지 않으면 변이 일어날 수도 있습니다. 임시로 저를 왕으로 세워주신다면 만사가 형통하리라 생각합니다."

유방은 한신이 보낸 사자를 앞에 두고 버럭 화를 냈다.

"나는 이제까지 많은 전투를 벌이는 동안 고전을 해왔으며 심지어는 상처까지 입었다. 감히 그놈이 왕이 되겠다고?"

곁에 있던 장량과 진평이 유방의 발등을 지그시 밟으며 귀엣말로 속삭였다.

"지금은 한신의 청을 들어주는 것이 좋겠습니다. 그가 원하는 대로 왕으로 앉히고 스스로 제를 지키게 하는 것이 상책입니다. 그렇지 않으면 무슨 일이 생길지도 모릅니다."

눈치빠른 유방이 다시 크게 꾸짖으며 말했다.

"대장부라는 자가 제후를 평정한 이상 왕이 되는 건 당연한 일이야. 그것을 뭐 어째? 임시 왕이 되고 싶다고? 되려면 진짜 왕이 돼야지, 임시 왕이 뭔가. 즉시 왕이 되라고 하라."

유방의 표변한 태도에 놀란 것은 장량과 진평이었다.

유방은 즉시 제왕의 인새를 파도록 명령했다. 그리고 장량으로 하여금 인새를 받들고 제로 가도록 했다.

한신이 유방을 배반 못하는 이유

용저가 한신에게 대패했다는 소식에 가장 충격을 받은 사람은 항우였다. 오보가 아닌가 자신의 귀를 의심했을 정도이다. 항우의 초군 중에서도 가장 용맹한 장수 용저가 완패하다니. 지금까지 항우군이 유방군보다 우위에 있었지만 이로써 전세가 역전된 것이다.

초군의 패배가 전해졌는지 북방으로 도망쳤던 팽월이 또다시 초의 영토에서 약탈을 시작했다. 팽성으로부터의 보급선도 이미 팽월에 의해 끊어졌다.

항우는 팽월을 쳐야 한다고 생각했지만 광무산에서 유방과 대치하느라 이러지도 저러지도 못하고 있었다. 엎친데 덮친 격으로 용저를 물리치고 제를 장악한 한신까지 압박해오고 있었다.

초의 식객 무섭(武涉)이란 자가 항우에게 헌책을 했다.

"한신을 독립시켜 초의 편으로 이끌면 어떻겠습니까?"

어제까지의 항우 같았으면 "한신 따위와 동맹을 맺으란 말인가?" 하며 화를 냈을 것이다. 그러나 지금은 그런 소리가 나오지 않는다.

무섭은 자신이 한신과 같은 고향인 회음 출신이며, 자기가 한신을 만나 설득해보겠다고 했다.

항우는 무섭의 말에 따랐다. 그러나 한 가지 당부의 말을 잊지 않았다.

"부디 초의 위신을 손상시켜서는 안되오."

무섭 일행은 제의 도읍 임치로 가서 한신을 배알했다.

“저는 회음의 우이 출신입니다. 대왕의 고향 회남과 가깝습니다.”

“우이라…….”

한신은 썩 달가운 기색이 아니었다. 회음은 한신에게 있어서 좋은 추억만 있는 곳은 아니다. 강가에서 노파에게서 밥을 얻어먹던 일, 젊은 백정 놈의 가랑이 밑을 기어나온 일 등 잊어버리고 싶은 기억이 있을 뿐이다.

‘한신은 체면을 좋아하는 사람이군.’

한신의 낯색을 살핀 무섭은 얼른 설득의 방법을 바꿨다. 위신에 금이 가지 않도록 하라는 항우의 당부대로 약간은 고압적으로 나가는 것이 효과적이라고 생각했다.

“왕은 초왕과 오래 사귄 사이가 아닙니까? 어찌 한왕을 버리고 초왕 편에 서지 않으십니까. 지금 초와 한의 운명은 왕께서 어느 쪽을 지지하느냐에 달려 있습니다. 왕은 한을 버리고 초와 손을 잡으셔야 하는데 왜 그리하지 않습니까?”

한신이 대답했다.

“내가 항왕을 섬기고 있을 때 관직은 낭중에 지나지 않았소. 헌책은 채택되지 않았지. 그래서 초를 버리고 한으로 귀속한 것이오. 한왕은 나를 상장군에 임명하고 나에게 수만의 군사를 맡겼으며 자신의 옷을 나에게 입히고 자기의 식사를 나에게 베풀었소. 또 나의 진언을 받아들이고 계책은 채택되었소. 그래서 오늘날의 내가 있는 것이오.”

무섭은 거듭 설득하려 했지만 한신은 손을 내저으며 들으려 하지도 않았다. 무섭은 천리길을 온 보람도 없이 되돌아갔다.

무섭이 돌아간 뒤 괴통은 혼자 생각했다. 무섭의 설득이 서툴러서가 아니다. 우직한 한신의 마음을 바꾸기가 어렵다. 우선 한신의 마음속에 야망이 일도록 해야 한다. 제나라의 왕으로 만족하지 않고 천하를 품는 야망을 갖도록 부채질해야 한다.

"지금 초왕도 한왕도 함께 어려움을 겪고 있습니다. 그들 두 왕의 운명은 대왕께 달려 있습니다. 대왕께서 한을 편드시면 한이 이기고, 초를 편들면 초가 이깁니다. 저는 흉금을 터놓고 저의 계책을 말씀드리려고 합니다."

"말해 보시오."

"대왕께서는 초와 한 어느 쪽에도 가세하지 마시고 그대로 양립시킨 채 천하를 셋으로 나누어 솥발처럼 세 방면에서 할거하는 것이 최상의 방책입니다. 그러면 아무도 먼저 움직이려 하지 않을 것입니다. 그럼 대왕께서는 초와 한이 미치지 않는 후방을 제압하고 제후들을 복속시키면서 차츰 세력을 넓히시면 천하를 손에 넣을 수 있습니다. '하늘이 주는 기회를 받지 않으면 그 화를 받는다'는 말이 있습니다. 모쪼록 깊이 생각해 주십시오."

한신은 말했다.

"한왕의 나에 대한 신뢰가 극히 두텁소. 나를 자신의 수레에 타도록 하시고 자신의 옷을 입도록 하시고 자신의 식사를 내가 먹도록 하시었소. '남의 수레에 타는 자는 그의 어려움을 대신 맡고, 남의 옷을 입는 자는 그의 근심을 대신 품어라. 남의 식사를 먹는 자는 그를 위해 죽으라'는 말도 있지 않소. 내 이익을 위해 어찌 의(義)를 배반할 것이오."

괴통도 물러서지 않았다.

이제 한신의 위상은 유방을 능가하고 있다.

"신하의 자리에 있으면서 주군을 능가하고 이름이 천하에 높다면 염려스런 일이 아닐 수 없습니다."

'말은 옳은 말이야. 그러나 내가 천하를 잡을 수 있을까.'

괴통은 한신이 동요하고 있는 것을 꿰뚫어보았다. 일단 설득은 성공했다. 며칠 후에 다시 한번 밀어붙이면 될 것이었다.

사흘 후, 괴통은 왕의 어전으로 나갔다.

"각오는 서셨는지요?"

한신은 코밑 수염을 손으로 훑을 뿐 대답이 없다.

"듣는 것은 일의 조짐, 꾀하는 것은 일의 시작이라 합니다. 일을 잘 꾀하고 잘 분별하고 있으면서도 결연하게 행하지 못한다면 모든 일에 화근이 됩니다."

'언변 하나는 참 좋단 말야.'

한신은 여전히 대답을 아끼고 있다.

"호랑이도 망설이면 벌이나 전갈이 쏘는 것만 못하고 기린도 제자리걸음하고 있으면 노새에 미치지 못하고, 용장도 주저하면 어린애의 행동에 미치지 못한다고 하였습니다. 이것은 결행이 얼마나 중요한가를 뜻하는 말입니다."

'나더러 결단력이 없다, 이 말이군.'

한신의 공적은 크다. 한신이 초군을 무찌르지 않았으면 유방은 고전했을 것이다. 유방도 그 점을 잘 알고 있을 것이다.

"무릇 공로는 이루기 어려우나 깨지기 쉽고, 때는 얻기 어렵고 잃기는 쉬운 법입니다. 아시겠습니까?"

'알아, 알아.'

여전히 입을 다문 채 한신은 듣고만 있었다.

"지금이 바로 그 기회입니다. 때는 다시 돌아오지 않습니다. 제발 제 말씀을 들어주십시오."

한신은 한참을 잠자코 듣다가 이윽고 입을 열었다.

"선생의 말은 잘 알겠소. 그러나 나는 한왕을 배신할 수가 없소. 이 얘기는 없었던 것으로 합시다."

괴통은 숨이 콱 막혔다. 분통이 터져 창자가 뒤틀리는 것 같았다. 한신에게 모반을 권하는 말을 한 이상 언젠가는 위험이 닥쳐올 것이다.

괴통은 어전에서 물러났다.

"저렇게 우유부단할 줄이야. 내 불찰이로다."

괴통은 한신에게 배반당했다는 생각이 들었다.

"결국 싸움에만 능한 사내였구나. 한신은 언젠가는 파멸할 것이다. 1년 후일지 3년 후일지 몰라도 파멸이 찾아올 것이 틀림없다."

괴통은 온갖 생각들로 머릿속이 복잡해졌다. 한신은 욕심이 생긴 거다. 왕위를 잃고 싶지 않다는 욕심이 생긴 거야. 안락한 왕의 생활을 언제까지나 누리고 싶은 거야. 천하를 걸고 큰 도박을 하고 싶지 않은 거다. 한신은 정말 겁쟁이인지도 모른다. 백정의 가랑이 밑을 기어나왔다는 것도 두려웠기 때문일 거다. 인간은 욕심이 생기면 눈이 어두워진다. 천하를 놀라게 할 싸움도 이제 없을 것이다.

그후로 괴통은 종적을 감추어버렸다. 닥쳐올 재난을 피해야 했기 때문이다.

괴통은 점쟁이가 되어 떠돌아다녔다. 이상한 행동을 하여 누가 봐도 미친 점쟁이라는 걸 알 수 있었다. 그런데도 이상하게 점괘가 잘 맞는다고 소문이 났다.

괴통은 일부러 미친 척한 것이다.

휴전도 전략이다

광무산의 골짜기를 사이에 두고 대치한 초·한 양군은 어느 쪽도 먼저 공격을 시도하지 않았다. 양쪽 모두 완벽하게 요새를 갖추었기 때문에 먼저 공격을 하는 쪽이 희생을 입을 것이 분명했다.

전투로 결판나지 않으면 보급으로 승패가 갈라질 것이다. 한군의 보급이 순조로웠던 데 비해 초군은 보급로가 차단되어 굶주림의 기색이 나타나기 시작했다.

배불리 먹지 못하면 사기가 떨어질 것은 분명한 이치였다. 초군이 곤경에 빠지고 있는 것을 간파한 것은 장량이었다.

장량이 유방에게 진언했다.

"초는 꽤 힘이 빠진 것 같습니다. 이쯤에서 휴전을 청해 보시는 것이 어떨는지요."

"휴전을 말이지……."

초군은 굶어 스스로 무너질 것이다. 한군이 우세한 입장이다. 우세한 자가 열세인 자에게 휴전을 청할 필요는 없으나 아버지 태공과 처 여씨를 되찾아야 했다.

유방은 육가(陸賈)를 초의 진영으로 보내 휴전을 제의했다.

항우는 화를 내며 말했다.

"돌아가서 한왕에게 전하라. 싸움을 끝내려면 하루면 족하다. 한왕이 한군을 이끌고 우리에게 덤비면 된다. 우리는 한왕의 목을 성고성 성문에 내걸 것이다."

태공과 여씨는 항우로서는 중요한 카드이다. 카드는 효과적으로 이용해야 한다. 그들을 넘겨주면 항우는 유방에게 굴복한 셈이 되지 않는가.

휴전 협상은 무산되었지만 장량은 언젠가 항우가 응하리라고 내다보고 있었다.

그즈음 한신 휘하의 조참과 관영이 이끄는 부대가 초의 수도 팽성을 공략할 기세를 보였다. 장량이 미리 명령해두었던 양동작전인 것이다.

수도가 함락되면 광무산의 초군은 오갈 데가 없어지고 광무산을 떠돌다가 결국 굶어죽게 된다.

장량이 다시 유방에게 헌책했다.

"이쯤에서 다시 한번 휴전을 청해보시지요."

이번에는 후공(侯公)을 사자로 결정했다. 유방의 식객인 후공은 종횡가로 언변이 좋았다.

후공은 항우가 곤경에 처해 있다는 것을 알고 있다. 대뜸 휴전을 설득해봐야 응할 리 없다. 항우에게는 패왕으로서 긍지와 자존심이 있다. 자존심을 다치지 않게 하려면 절대 서둘러서는 안된다고 생각했다.

초성에 도착한 후공은 항우를 만나려 하지도 않고 술을 한잔 달라고 청했다.

사흘 동안 대작할 사람을 붙잡아 놓고 술을 마시며 이런저런 얘기를 늘어놓았다. 천하를 떠도는 세객이었기에 화제도 무궁무진했다. 각국의 지리, 인정, 풍속 등을 재미있게 얘기한다.

"난 아내도 없고 자식도 없습니다. 자연을 벗삼아 살아갑니다. 아무런 욕심도 없습니다. 인간의 욕망이란 원래 그리 큰 것이 아니지요. 그 욕망을 키우려는데 싸움의 근원이 있습니다."

무슨 소리인지 알쏭달쏭한 소리만 늘어놓는다. 상대방이 알아듣건 못 알아듣건 아무래도 좋았다. 항우의 신하들은 후공을 유식한 괴짜라고 생각하고 경계심을 풀 것이다.

항우는 신하들로부터 유방의 사자가 괴짜라는 소식을 듣자 갑자기 흥미가 생겼다. 항우가 먼저 후공을 불러 술잔을 건넸다.

"한왕은 벌써 60이 다 되었습니다. 나이는 속일 수 없는가 봅니다. 산속의 한기를 견딜 수 없는지 감기에 걸려 누워 있습니다."

"한왕이 벌써 60이 됐는가?"

항우는 후공의 말을 진짜로 믿었다.

"한왕은 자기는 50이라고 하지만 사실은 60입니다."

60이면 앞으로 살 날도 얼마 남지 않았다. 항우는 30세, 유방에 비하면 앞날이 창창하다. 지금 한발 물러선다 해도 천하를 제패할 기회는 얼마든지 있다.

후공의 변설이 계속되었다.

"늙으면 마음이 약해집니다. 한왕은 이제 전쟁이라면 진저리가 납니다. 천하 같은 것은 바라지도 않습니다. 아버지 태공만 돌려주면 관중으로 돌아가 논밭이나 갈며 여생을 보내고 싶다고 합니다. 저는 한왕의 부탁으로 온 것이 아니라 천하의 백성을 전란에서 구하고 싶어서 자청해서 온 것입니다."

"천하의 백성을 구하고 싶다……."

항우의 표정이 흔들렸다. 천하의 백성들을 구하기 위해 전쟁을 그만둔다면 명분도 있고 체면도 충분히 산다.

"한왕의 요구는 뭔가."

"저는 내용에 대해서는 잘 모릅니다. 부사를 대동하고 왔으니 대왕 측근에게 전하도록 하겠습니다."

후공은 항우의 마음이 변하지 않도록 술 상대를 하며 시간을 끌었다.

그러는 동안 양쪽 실무자들끼리 휴전 협정이 진행되었다. 그 내용은 홍구(鴻溝)를 경계로 동쪽을 초, 서쪽을 한의 영토로 한다는 것이었다. 이렇게 휴전이 성립되었고 후공은 한성으로 돌아왔다.

한왕의 한 측근이 "후공은 실로 천하의 언변을 가졌다. 그 언변은 경국(傾國)의 힘을 가졌다."고 말했다.

유방은 후공의 공을 치하하고 평국군(平國君)이란 칭호를 내려주었다.

경국의 대칭되는 말이 평국이다. 후공은 굳이 평국이라는 역설적인 칭호를 준 유방의 심중을 헤아려보았다. 나라를 기울게 할 정도의 역량을 가진 세객에 대한 경계심과 비아냥이 그 칭호에 담겨져 있는 것 같았다.

후공은 곧 유방의 천하가 올 것임을 알았다. 그리고 사람 좋은 항우를 말재주로 속인 것에 양심의 가책을 느끼기도 했다.

후공은 얼마 안 있어 행적을 감추었고 두 번 다시 유방 앞에 모습을 나타내지 않았다.

項羽劉邦

7. 비운의 장군 항우

"죽음을 각오한 병사보다 강한 것은 없습니다. 한군에게는 내일이 있지만 초군에게는 내일이 없습니다. 오늘 지면 그것으로 끝장입니다."

—초·한의 최후의 결전을 앞두고 장량이 유방의 각오를 다지며 했던 말

역사의 라이벌 항우와 유방

휴전이 성립되자 초·한 양군은 광무산을 내려왔다. 초군은 그날로 팽성을 향해 행군을 개시했다.

"팽성으로 돌아가면 배가 터지도록 먹여 줄 것이다. 그때까지만 참아라."

항우가 병사들에게 한 말이다. 계절은 겨울, 10월 초순이었다. 가을의 수확물이 팽성을 풍요롭게 하고 있을 것이었다. 팽월도 팽성 근처는 손을 못 대고 있다. 실컷 먹이면 군사들은 기운을 되찾는다. 기운을 되찾으면 한군은 상대도 안 된다. 항우는 유방의 군사들을 물리칠 자신이 있었다.

"그때까지만 참가."

그것은 항우가 스스로에게 타이르는 말이었다. 항우는 휴전이 일시적이라는 것을 알고 있었다. 초와 한은 언젠가는 다시 싸워야 하는 운명이다.

초군은 한군과 싸워 이제까지 한 번도 진 적이 없다. 항우가 지휘한 군대는 항상 이겼다. 그때마다 한군은 혼쭐이 나곤 했다. 그랬는데 양식이 떨어져 휴전에 응할 수밖에 없다니, 이런 굴욕이 없다. 무슨 일이 있어도 설욕을 해야 한다. 하지만 지금은 하루라도 빨리 팽성으로 돌아가야만 했다.

초군에 비하면 한군은 느긋했다. 유방은 광무산에서 내려와 성고성으로 들어갔다. 성내에는 목욕탕 설비가 갖추어져 있다. 유방은 욕탕으로 들어가 묵은 먼지를 씻어냈다. 관중으로 돌아간다 하더라도 군사에게 먹일 식량은 충분히 있기에 서두를 필요는 없었다.

유방 역시 휴전이 일시적이라는 것을 알고 있다. 한과 초는 언젠가는 자웅을 겨룰 숙명이다. 초군은 도망치듯 전장을 떠나간다. 이것을 뒤쫓지 않고 그냥 내버려 둘 수는 없다.

"팽성으로 돌아가면 초는 포식하여 살찔 것이다. 그러기 전에 쳐야 한다."

그러나 막 휴전이 성립된 참이다. 서약서의 먹물이 채 마르기도 전에 초를 치면 세상의 지탄을 받을 것이다. 유방으로서는 매우 어려운 국면이었다.

그날 저녁 장량과 진평이 유방의 처소로 들어왔다. 식사중이던 유방이 반가이 맞으며 자신의 음식을 덜어 건네주었다.

"이제 한은 천하의 절반을 보유하고 제후들은 모두 한에 가세하고 있습니다. 그에 반해 초는 식량이 부족하고 병사들의 피로가 극에 달해 있습니다. 초군들의 발걸음이 얼마나 맥이 없는지 눈으로 보셨을 것입니다. 이것이야말로 하늘이 초를 멸망시키려고 하는 것입니다. 이 기회에 초를 쳐서 없애야 합니다."

"지금 초를 그대로 팽성으로 돌아가도록 내버려 두는 것은 호랑이를 길러 스스로 화를 부르는 것과 같습니다. 호랑이가 배부르게 먹고나면 손을 못 댑니다. 초를 칠 기회는 지금밖에 없습니다."

장량과 진평이 거듭 헌책했다.

"항왕을 뒤쫓아라, 이 말이군."

유방이 중얼거렸다.

"약속을 어기고 항왕을 뒤쫓으면 나는 천하의 신뢰를 잃게 되지 않을까……."

"신뢰를 소중히 하느라 망하는 길을 택하시겠다는 것입니까. 송(宋)의 양공(襄公)은 싸움에 임하여 인(仁)을 들먹이며 적이 전투준비를 갖출 때까지 기다렸습니다. 때문에 패하여 '송양의 인'이라는 말을 듣고 천하의 웃음거리가 되었습니다. 초군이 팽성으로 돌아가 전력이 충실해질 때까지 기다리시겠습니까."

"신(信)이나 인(仁)이나 다를 바 없습니다. 이기면 신을 따지지 않습니다. 은(殷)의 탕왕(湯王)과 주(周)의 무왕(武王)은 도를 거스르며 천하를 잡았지만 천하를 다스릴 때는 정도(正道)로 다스려 후세에 성왕이라는 칭송을 받고 있습니다. 초를 평정하여 평화를 가져오시면 대왕께서도 성스러운 천자라고 숭앙 받으실 것입니다."

"그렇게까지 말한다면야…… 그대들의 말에 따라야겠지."

만일 싸움에 져 신의를 묻게 되면 장량과 진평이 그 책임을 지면 된다. 장량은 유방의 모양새를 갖추게 해준 것이다.

한군은 초군을 추격했다. 급히 추격한 것은 아니다. 초군과의 사이에 거리를 두면서 슬슬 추격했다. 급히 추격하면 충돌하게 된다. 초군이 피로가 극에 달하고 있다고 해도 정면으로 싸워서 이길 재간은 없었다.

성고성을 나올 때 유방은 제의 한신과 양의 팽월에게 사자를 보내 양하(陽夏)의 남쪽 부근에서 회동하도록 하는 한편 회남왕 경포를 구강으로 파견하여 평정하도록 했다. 또 양(梁)에서 초의 땅으로 침입하여 초군의 후방을 교란시키고 있던 유가와 노관에게 명령하여 초나라 땅으로 깊이 들어가 수춘(壽春)을 공략하도록 했다. 수춘은 그 옛날 초의 애왕(哀王)이 마지막으로 도읍으로 삼은 곳으로 회수(淮水)의 남쪽에 있다. 수춘의 남쪽에 육(六)이 있고 또 그 남쪽에서(舒)가 있다.

유방은 또 초의 영토인 서를 수비하고 있는 초의 장군 주은(周殷)이 한에게 내통하도록 유가로 하여금 설득케 했다. 팽성을 향해 행군하고 있는 항우를 사방에서 포위하는 작전을 취한 것이다.

초군은 행군하면서 식량을 조달해야만 했다. 때문에 행군의 속도가 느렸다. 한군의 추격을 이윽고 초군이 알게 되었다.

보고를 받고 항우는 격분했다. 거짓으로 휴전을 해놓고 뒤통수를 치다니! 항우는 전군에게 정지를 명령했다. 한군을 맞아 싸울 태세를 갖췄다. 장군 종리매가 싸우면 불리하다는 것을 설명했다.

"좀더 앞으로 나가서 싸우는 것이 좋겠습니다. 되도록 한군을 끌어들인 다음 쳐야 합니다. 앞으로 갈수록 한군은 적지 깊이 들어오는 꼴이 됩니다. 초군은 팽성에 가까워질수록 유리해집니다. 보급품 조달에도 수월해집니다."

항우는 종리매의 말에 따랐다.

초군은 다시 행군을 시작했다. 양하를 지나 고릉(固陵)이라는 곳에 이르렀다. 이 고을의 성에는 식량이 비축되어 있어 군사들은 오랜만에 포식을 했다. 배가 차면 기력이 되돌아온다.

이제 팽성은 그리 멀지 않다. 항우는 고릉에 며칠 머물면서 한군의 동향을 살폈다. 한군의 추격 속도는 놀랄 정도로 느리다. 양하에 머문 채 꼼짝하지 않는다. 항우는 한군이 뒤따라오면 고릉 근처의 광활한 평야로 유인하여 격멸할 생각이었다. 그러나 상대가 움직이지 않으니 어쩔 도리가 없었다.

초군은 식량 보급이 어렵기 때문에 언제까지나 고릉에 머물 수가 없었다. 고릉성을 출발하여 동쪽으로 길을 잡았다. 그러자 한군 또한 행군을 시작했다는 보고가 들어왔다. 항우는 전군에게 정지를 명령했다. 그곳은 드넓은 평야 속에 낮은 구릉지대가 소의 등처럼 솟아 있었다. 항우가 장기로 삼는 야전에서 결판을 내는 데에는 안성맞춤의 지형이었다.

죽기를 각오하다

초군을 추격하는 유방이 양하에 머물러 움직이지 않은 것은 계획된 행동이었다. 한신과 팽월의 군대가 도착하기를 기다렸다가 세력을 합쳐 적의 몇 배되는 대군으로 압도해 버릴 생각이었다. 그런데 그 한신과 팽월이 오지 않는 것이다. 유방은 짜증스러운 며칠을 보냈다.

이윽고 초군이 고릉성을 출발하여 동쪽으로 행군을 시작했다는 보고가 들어왔다. 초군이 동쪽으로 행군하면 한군도 그 뒤를 좇아야 한다. 그대로 초군을 팽성으로 돌아가게 하면 전세가 어떻게 바뀔지 알 수가 없다. 유방은 고릉을 향해 출발을 명령했다.

한군이 고릉에 도착하자 고릉성의 수비병은 싸우지도 않고 도망쳤다. 한군을 유인하기 위해 도망한 것이었다. 유방은 항우의 속셈을 알아차렸지만 그것은 대수로운 일이 아니었다.

유방은 고릉성으로 들어가 이제나저제나 한신과 팽월을 기다렸다. 그들이 오는 길을 따라 기병을 내보내 봤지만 수 십리 사이에는 그림자도 안 보인다는 것이다.

유방은 몹시 화가 났다.

'안 오겠으면 말아라.'

'나 혼자 싸우겠다.'

초군과 싸워 확실히 이길 승산은 없지만 이기지 못할 것은 또 뭐 있겠는가. 듣자니 초군에서는 도망병이 줄을 잇는다고 한다. 굶주

림과 피로로 그들은 녹초가 되고 있다. 옛날의 초군이 아닌 것이다. 치는데 별 어려움이 없을 것이다.

'한신과 팽월의 힘을 빌리면 그들의 발언권이 강해진다. 큰 덩어리를 떼어주어야 한다.'

'내가 혼자서 쓰러뜨리면…….'

유방은 곰곰이 생각했다. 자력으로 초를 멸망시키면 천하를 자기 뜻대로 처리할 수 있다.

"해 치우자."

유방은 결심했다.

참모인 장량은 유방의 속을 훤히 들여다보고 있었다. 싸우고 싶으면 싸워도 좋겠지. 이길지도 모르지만 질지도 모른다. 싸워보지 않고는 모른다. 지금과 같은 경우, 유방의 사기를 꺾는 발언은 삼가야 할 것이다.

"초군과 싸워 설령 지더라도 한군은 물러설 곳이 없다."

장량은 생각했다. 고릉성까지 후퇴하여 성문을 닫아버리면 그만인 것이다. 고릉성을 포위한다 해도 지금의 초군에게는 함락시킬 힘이 없다.

한군은 고릉성을 나와 초군의 뒤를 쫓았다. 추격 이틀만에 초군과 맞부닥쳤다. 초군은 구릉을 등지고 전투진형을 갖추어가고 있었다. 예상한 일이었지만 막상 싸우게 되자 유방은 겁이 났다. 심히 허약한 대장이었다.

"싸워야 하느냐, 물러서야 하느냐."

유방은 장량에게 물었다.

"우리는 추격군입니다. 여기까지 쫓아와서 적이 싸움을 걸어오는데 물러설 수는 없지요."

장량은 쌀쌀하게 말했다. 장량이 본심으로 한 말은 아니었다. 유방은 싸워봐야만 비로소 자기의 실력을 알 것이다. 한신과 팽월의 존재가 큰 것임을 새삼스레 인식하게 될 것이다.

한군은 행군을 멈추고 종대에서 횡대로 좌우로 넓게 진형을 짜서 나아갔다. 한군의 병력은 초군의 2배 이상이다. 초군이 밀집해서 돌격해 오리라 예측하고 가운데를 두텁게 했다. 한군은 초군의 곱절이나 되는 만큼 중앙이 뚫리지 않는 한 초군이 지쳐 있을 때 양날개에서 포위하듯이 하여 치면 섬멸시킬 수 있을 것이다.

한군과 초군의 거리가 좁혀졌다. 공격을 먼저 시작한 것은 초군쪽이었다. 흙먼지가 하늘을 덮고 화살이 나르고 함성이 천지에 메아리쳤다. 초군의 선봉은 맹수가 덮치듯이 돌격해 들어왔다. 그것은 적의 중심부에 거대한 송곳을 쑤셔넣는 것과 같았다. 그 선두에 항우가 있었다.

항우는 자신이 진두지휘한 전투에서 단 한 번도 진 적이 없다. 불패의 신념은 항우뿐만 아니라 졸병에게까지 침투되어 있었다.

삽시간에 한군 중앙군의 선봉이 무너졌다. 한군은 제2진에서 버티려고 했지만 밀물처럼 쳐들어오는 초군을 막을 수가 없었다. 2진이 무너지며 패주하는 병사들이 3진으로 밀려들어 대혼란을 일으켰다. 유방을 호위해야 할 친위대마저 무너져 도망치기 시작했다.

대장인 유방을 버리고 저희들만 도망을 친 것이다. 유방도 말머리를 돌려 달렸다.

장량은 이럴 줄 뻔히 예측하고 있었다. 예비대로 하여금 초군의 측면을 향해 쇠화살을 일제히 발사시켰다. 초군의 추격이 주춤하는 사이 유방은 간신히 고릉성으로 도망칠 수가 있었다.

한군은 고릉성의 성문을 굳게 닫았다.

"초군은 강해, 한군은 약하구. 초병이 이렇게 강한 줄은 몰랐는데."

유방은 자신의 잘못은 입 밖에 내지도 않고 장량에게 말했다.

"초군은 죽기를 각오했습니다. 죽음을 각오한 군사보다 강한 것은 없습니다. 한군에게는 내일이 있습니다. 그러나 초군에게 내일은 없습니다."

"내일이 없다구? 그건 무슨 뜻인가?"

"한군은 초한의 싸움이 한의 승리로 돌아가리라는 것을 알고 있습니다. 살아남을 수만 있으면 포상을 받습니다. 영지도 얻을 수 있습니다. 내일의 영달을 약속을 받은 거나 다름없습니다. 그러니까 목숨이 아깝습니다. 그에 반해 초군에게는 내일이 없습니다. 오늘의 싸움에서 지면 그것으로 끝장입니다. 그러니까 죽자꾸나 하고 싸우는 것입니다."

장량은 잠시 말을 멈추고 결연한 표정을 지었다.

"그러나 아무리 초가 강해도 이젠 한계가 온 것 같습니다."

초군은 고릉성을 포위했으나 성벽을 돌파할 만한 공격력이 없었다. 버티는 한군은 20만이며 포위하고 있는 초군은 10만이 될까말까하다. 절반 이하의 병력으로 자기보다 곱절이나 되는 적을 포위했다는 공방전은 어느 전투에서도 찾아볼 수 없다.

그러나 한군이 초군에게 포위당한 것은 엄연한 사실이다. 날이 갈수록 유방은 초조한 빛을 감추지 못했다. 한군이 초군과 싸워 패했다는 소식은 각국으로 퍼져나갈 것이다. 유방은 약하고 항우는 세다. 한에 가세하고 있는 제후들도 유방에게 등을 돌리고 항우 쪽에 붙을지도 모른다. 포위되어 있는 이 상황을 타개해야만 했다.

"한신과 팽월이 오지 않는 것은 어째서지?"

유방이 장량에게 물었다.

"초는 이미 패망 직전에 있습니다. 그런데도 한신과 팽월이 오지 않는 데는 그만한 이유가 있기 때문입니다. 모르시겠습니까?"

"나는 모르겠어."

"한신과 팽월은 아직 영토를 받지 못했습니다. 폐하께서 천하를 분배하실 생각이 있다면 그들은 당장에라도 올 것입니다."

"………."

"폐하께서는 그 전에 팽성에서 초군에게 패하셨을 때 이제 천하는 누구에게 주든 상관없다고 말씀하셨습니다. 기억하고 계십니까."

"글쎄, 그런 말을 한 것 같기도 하구먼."

"한신이 왕이 된 것은 폐하의 뜻에서가 아니라 스스로 강하게 청해서 된 것입니다. 한신으로서는 마음이 편치 않을 것입니다. 팽월은 양(梁)을 평정했습니다. 그때는 위표(魏豹)가 있었기 때문에 위의 상국(相國)이 되었습니다만 위표가 죽은 지금은 팽월은 왕이 되기를 바라고 있을 겁니다. 그런데 폐하는 팽월을 양왕으로 앉히려 하시지 않습니다. 팽월이 생각할 때 열심히 뛰면서 초를 멸망시켜 봤자 아무런 득도 없다고 생각할 것입니다."

"그러면 어떻게 하란 말인가."

"구체적으로 말씀드리면 한신에게는 진(陳)에서 동쪽 바다에 이르는 땅을 모두 주고, 팽월에게는 수양(睢陽)에서 북쪽 곡성(穀城)에 이르는 땅을 주시면 두 사람은 만족하리라 생각합니다. 그렇게 해놓으시고 각자 자기 욕심을 위해 싸우도록 하시면 초를 멸망시킬 수 있습니다."

"알았어. 그렇게 하자구."

유방은 알아듣는 것도 빨랐다. 당장 사자를 보내 그 뜻을 전했다.

한신과 팽월은 한왕의 사자를 맞이하여 대답했다.

"분부대로 거행하겠나이다."

이 무렵 한신은 예전에 자신이 가난했을 때 먹을 것을 베풀어주었던 노파를 가까스로 찾아냈다.

"할머니! 할머니는 예전에 제가 굶주리고 있을 때, 당신이 드셔야 할 점심을 매일 저에게 주셨습니다. 그 덕에 저는 생명을 부지하여 오늘이 있었습니다. 저는 그때의 밥 한그릇이 얼마나 맛있었는지 평생 동안 결코 잊어본 적이 없습니다. 지금 저는 할머님 덕분에 이 땅을 다스리게 되었습니다. 그때 할머님이 베풀어주신 은혜에 대한 답례치곤 하찮은 것이나마 이 돈을 받아주시기 바랍니다."

한신은 노파의 손을 잡고 천금을 건넸다.

노파는 눈물을 흘리면서 한신의 출세를 진심으로 기뻐하며 큰절을 올리고 천금을 감사하게 받았다. 이 같은 소문이 이 고을 저 고을로 퍼져나갔다.

이 소식을 들은 남창(南昌)의 정장이 "나도 예전에 수개월 동안 한신을 우리 집에서 밥을 먹이고 잠도 재워준 적이 있다. 설마 그 일을 잊지는 않았을 것"이라며 한신을 찾아왔다. 그러나 그들 부부는 침실에서 일찍 아침 밥을 먹고 시침을 떼는 바람에 한신은 상처를 입고 그 집을 나와버렸던 아픈 기억이 있다.

남창의 정장을 맞은 한신은 "임자에게도 신세를 많이 졌지. 하지만 임자는 남에게 은혜를 베풀다가 중도에 그만두었다. 이것은 참다운 우정이나 인정에서 베푼 것이 아니야. 저 노파의 마음과는 하늘과 땅만큼 차이가 있다. 말하자면 그대는 소인배의 은혜를 팔고 있었던 것에 불과하다. 그래도 은혜는 은혜이니 나도 예의를 갖추어야지."라며 일백금을 주었다.

한신은 또 자신을 조롱하고 가랑이 밑을 지나게 했던 회음의 백정을 불러냈다. 한신에게 불려온 백정은 "이제는 죽었구나! 그때의 앙갚음이 이제 시작되는구나."하고 생각하고 벌벌 떨면서 장수들이 도열해 있는 곳으로 나왔다. 그는 죽음을 각오했다.

한신은 장수들 앞에서 그 백정을 세워놓고,

"이 사내는 장사요. 전에는 나를 모욕해 자신의 가랑이 밑을 기어가도록 했소. 만일 그때 내가 이 사내를 죽인다고 하여 나의 명예가 크게 오르는 것도 아니었으므로 참고 견디었던 것이오. 그때의 인내가 오늘의 업적을 이룰 수 있도록 해준 셈이었소."라며 그 백정을 칭찬한 다음, 즉석에서 그를 경호원으로 임명했었다.

유방의 부름을 받은 한신은 제에서 군사를 움직였다. 팽월 또한 병력을 이끌고 양을 떠났다. 이와 거의 때를 같이하여 초나라 깊숙이 침입하고 있던 유가와 노관의 군사가 남쪽의 수춘으로부터 북상해 왔다.

항우는 사방에서 압박해온다는 보고를 듣고 고릉성의 포위를 풀고 동쪽의 팽성을 향해 진군했다. 고릉에서 동쪽으로 2백리쯤에 성보(城父)가 있다. 성보성에 도착했을 때 뜻밖의 소식이 전해졌다. 초의 남쪽 수비를 맡겼던 대사마(大司馬) 주은(周殷)이 한군에 항복했고 구강의 군사들이 경포를 맞아들였다는 보고였다. 항우는 경포의 가족을 몰살한 바 있다. 경포는 그 원한을 갚기 위해 스스로 선두에 서서 진군해 올 것이 틀림없다. 초군은 급기야 천하에서 고립되고 만 것이다.

성보에서 급행군하여 수계에 이르렀을 때이다. 수계에서 팽성은 가깝다. 말을 타고 가면 사흘 거리다. 간신히 돌아왔구나 하고 생각하고 있는데 팽성에서 급사가 달려왔다. 한의 별동대장 조참과 관영이 팽성을 포위했다는 것이다. 게다가 그 뒤로 한신이 이끄는 30만 대군이 팽성을 향해 진군하고 있다는 것이다.

항우는 보고를 듣고 "이제 팽성으로 돌아갈 수도 없다."라고 판단했다.

팽성은 주위에 언덕이 있고 게다가 큰 성이기 때문에 함락시키기는 어렵다. 그러나 광활한 대평원 속에 있어 길은 사통팔달하고 있다. 대군이 회동하기에는 편리하다. 이른바 병법용어로 구지(衢地)에 해당된다. 공격하는 데는 대군이 필요하며 지키는 데도 대군이 필요하다. 10만의 초군이 농성한다 해도 식량이 언제까지 버텨줄지 모른다. 항우는 천하에 고립된 자신의 비참한 모습을 여러 사람의 눈에 띄게 하고 싶지 않았다.

"강남(江南)으로 가자."

강남은 항우의 제2의 고향이다. 숙부인 항량과 함께 거병을 한 곳이다. 강남의 땅에서 모병을 하면 권토중래가 가능할지도 모른다.

항우는 즉시 군을 돌려 남쪽으로 향했다. 닷새만에 영벽(靈壁)에 이르렀다. 영벽에서 다시 남하하면 해하성(垓下城)이 있고 그 남쪽에 회수가 흐르고 있다.

영벽을 거쳐 해하로 향했을 때 유방의 군대가 뒤따르고 있다는 보고를 접했다.

"유방이 움직였다고?"

항우는 여기서 또 마음이 변했다. 유방과 결전을 벌이자는 생각을 한 것이다. 한군이 설령 천하의 대군이라 하더라도 유방의 목만 베면 그것으로 결판이 난다. 전투가 시작되고 유방의 소재만 파악되면 돌격을 거듭하여 그를 쓰러뜨리는 것은 불가능한 일이 아니다. 팽성의 싸움에서는 3만의 병력으로 56만의 대군을 궤멸시킨 항우가 아닌가.

"해하성으로 들어간다."

항우는 장수들에게 명령했다.

해하성은 높직한 구릉 위에 있었다. 성벽 밑으로 강이 흐르고 그 반대쪽은 깎아지른 암벽이다. 공략하기 어려운 요새이며 나가서 치려면 언덕길을 내려가면 된다. 항우의 군대는 해하성을 수복하고 새로 성벽을 구축하여 유방군을 요격할 태세를 갖추었다.

대군에는 병법이 필요없다

항우를 쫓는 유방은 서둘지 않았다. 이미 한신과 팽월의 군사가 남하하고 있고 남쪽에서는 유가와 노관의 군사가 북상하고 있다. 경포와 주은의 군사도 유방군과 합류하려고 행군 속도를 빨리하고 있었다.

해가 바뀐지 한달이 지나갔다. 한왕 5년 11월이다.(당시는 새해가 시작되는 달이 10월이었음-저자 주) 매서운 추위가 계속되는 나날이었다. 유방과 그를 따르는 여러 제후의 군사가 해하에 모인 것은 12월이었다.

한신이 한군의 선봉을 자청해 나섰다. 한신은 기세가 등등했다. 이 일전으로 난세는 끝이 날 것이다. 항우의 목은 누가 뭐래도 자신의 손으로 베지 않으면 안 된다.

한신은 싸워서 한 번도 패한 적이 없다. 항우 또한 70여 차례를 싸워 패한 적이 없다. 불패의 장군끼리 격돌하는 것이다. 역사에 남을 격전이 벌어질 참이었다.

해하성에는 비축된 식량이 없었다. 항우는 처음부터 농성할 생각은 추호도 없었다. 한군을 격퇴시키기 위해 요충지의 성을 거점으로 삼았을 뿐이다.

한신은 30만의 대군을 셋으로 나누어 좌익은 공희(孔熙), 우익은 진하(陳賀), 스스로는 중앙군을 지휘했다. 대군에는 병법이 필요없다. 한신의 이제까지의 전투는 적은 세력으로 대군에 맞서 싸운 것이었다. 그래서 기묘한 전략을 사용할 수밖에 없었다. 그러나 이번에는 대군으로 적은 병력의 군대를 치는 것이므로 정정당당하게 정면으로 밀고 나가면 된다.

항우는 밀집해서 돌격해 올 것이다. 한신은 중앙군에 정예부대를 배치했다. 중앙군이 부득이 후퇴한다 해도 양날개의 공희와 진하 장군이 초군의 측면을 치면 초군은 궤멸할 것이 틀림없다.

유방은 한신 군의 후방에 본영을 두었다.

한신의 군사들이 해하성의 성벽에 육박하기 전에 초군 쪽에서 먼저 밀고나왔다. 항우는 이 일전에 자신의 운명을 걸고 있었다. 오직 유방을 찾아내 그 목을 쳐야 한다는 일념뿐이었다. 항우는 선두에 서서 군사들과 함께 언덕길을 내달렸다.

초병의 돌격은 무서웠다. 검은 회오리바람이 소용돌이치듯 송곳을 쑤셔넣듯이 돌격했다. 한신 군의 선봉이 무너지는 데에는 얼마 걸리지 않았다. 선봉에 이어 2진까지 무너졌다. 초군에게 내일은 없다. 한군에게는 내일이 있다. 한신은 이것을 미처 계산에 넣지 못한 것이다.

내일이 있는 한군은 내일이 없는 초군에 쫓겨 도망쳤다. 도망치는 한의 군사가 제3진으로 밀려들어가 혼란을 일으키며 후진까지 무너졌다. 한신은 자기 편 군사들에게 등을 떠밀리면서 후퇴했다. 초군의 완벽한 승리였다.

이제 유방의 본영까지 위태로워졌다. 한군은 평야를 까맣게 메울 정도의 대군이지만 그래도 대장인 유방이 죽으면 그것으로 끝이다. 한군의 위기를 구해낸 것은 공희와 진하 두 장군이었다.

측면 공격은 첫 공격부대가 피로해질 무렵 두 번째 공격부대가 대신 돌출했다. 두 번째 부대가 피로의 기색을 보이면 세 번째 부대가 대신 밀고 나갔다. 이 집요한 측면 공격 때문에 초군의 전진 속도가 둔해졌다. 한군은 예비대를 내보내 초군의 돌격을 저지했다. 초군의 전진도 벽에 부닥쳤다. 전진을 멈추면 병력 수가 적은 초군은 포위되어 전멸하고 만다. 초군은 후퇴할 수밖에 없었다. 분한 마음에 항우는 말허리를 차고 이를 갈았으나 어쩔 수가 없었다.

한군은 후퇴하는 초군을 추적하여 무찔렀다. 이 때문에 초군은 심각한 타격을 받았다. 성문까지 후퇴했을 때에는 초의 군사는 절반이 채 못 되었다.

한군은 해하성을 겹겹이 포위했다. 성 밖은 빨간 깃발과 한군으로 메워졌다. 유방이 어디에 있는지도 몰랐다. 항우는 뛰쳐나가고 싶어도 그럴 수가 없었다.

성내의 식량은 하루하루 줄어들 뿐이다. 지원군이 올 희망은 전혀 없다. 병사들은 굶어죽을 것이다. 항우는 강남으로 가자고 생각했다. 강남까지만 갈 수 있으면 병력을 모아 재기할 수 있다.

반면 해하성을 포위한 한군은 이제 철통같은 포위망만 치고 있으면 된다. 성은 언젠가는 함락될 것이다. 그래도 전투이니만큼 언제 어떤 사태가 발생할지 모른다. 하루라도 빨리 함락시키는 것이 상책이었다.

한왕의 진영에는 수많은 식객이 있다. 식객은 변사, 외교가, 책사, 학자 등등 갖가지인데 그 중 한 사람이 유방에게 헌책했다.

"성을 둘러싸고 있는 병사를 시켜 초의 노래를 부르게 하면 어떻습니까. 성내의 초병이 듣게 되면 그들은 고향 생각에 깊이 잠길 것입니다. 또 많은 초나라 사람이 한에 가세했다고 생각할 것이니 사기가 떨어지고 탈주하는 병사가 늘어날 것입니다."

유방은 이 방책을 채택했다. 성벽 가까이에 있는 병사에게 명령하여 초의 노래를 부르도록 했다.

북방의 노래는 서사적이고 간결한데 비해 남방의 노래는 서정적이며 애조를 띤다. 그 음률은 구슬프다. 초의 노래라는 것은 누가 들어도 알 수 있다.

초가를 합창하는 소리에 성내의 초병은 깜짝 놀랐다.

"초의 노래가 들린다."

"초 사람들이 노래하고 있는 것일까."

매일 밤 들려오는 초의 노래에 귀를 기울이는 병사가 많아졌다.

"초 사람이 노래하고 있는 거야."

"한은 초 사람들도 자기 편으로 만들어 버린 것일까."

어느 날 밤, 항우는 밤중에 잠에서 깼다. 항우의 귀에 초가가 들려온 것이다. 항우는 놀라 벌떡 일어났다.

"한은 이미 초의 땅을 모두 손아귀에 넣었구나. 초나라 사람이 어찌 저리 많은가."

항우는 더 이상 잠을 이룰 수가 없었다.

자리를 털고 일어나 장수들을 불러 본진의 장막 안에서 주연을 베풀었다.

"모두 일어나 마셔라. 병사들에게도 술을 줘라. 성내에 있는 술통을 모두 따라."

항우는 이것이 마지막 작별이 될 것임을 예감했다.

"다 마셨거든 각자 마음대로 성을 빠져나가라. 어느 곳이 됐건 포위를 뚫고 도망가라. 나를 따르고 싶은 자는 따르라."

항우에게는 우희(虞姬)라는 총애하는 여인이 있었다. 어느 전투에나 그녀를 데리고 다녔다. 또 추(騅)라는 이름의 준마가 있어 항상 이 말을 타고 다녔다. 술을 마실수록 항우는 비분강개하여 스스로 시를 지어 읊었다.

"힘은 산을 뽑고

기운은 세상을 뒤덮었건만 [illegible]."

되풀이하여 노래하기를 몇번인가. 우희도 이에 맞춰 노래를 불렀다. 항우의 뺨에 몇 가닥의 눈물이 흘러내렸다. 좌우의 신하들도 모두 울며 감히 항우를 쳐다보지 못했다.

하늘이 나를 버렸다

항우는 애마 추에 올라탔다. 따르는 병사는 8백여 명, 새벽의 어둠 속에 성문을 빠져나가 한의 포위망을 벗어났다.

유방이 항우의 탈출을 알아챈 것은 동이 틀 무렵이었다. 유방은 당황했다. 항우를 여기서 놓치면 남쪽으로 도망쳐 재기를 꾀할 것이었다. 유방은 한의 장군 중에서도 가장 기마전에 능한 관영에게 5천기(騎)를 주어 항우의 뒤를 쫓도록 했다. 항우의 목에 '황금 천금과 1만호의 영토'를 현상금으로 걸었다.

항우는 남쪽을 향해 달리고 또 달렸다. 그 뒤를 초의 병사들이 따랐다. 하루에 천리를 달린다는 추를 따르는 것은 쉬운 일이 아니다. 낙오하는 말이 차츰 늘어나 회수를 건널 때에는 백 여기밖에 따르지 않았다.

항우는 남쪽을 향해 달린 지 이틀만에 음릉(陰陵)에 이르렀다. 거기서 길을 잃었다. 논에서 일하고 있는 농부에게 길을 물으니 "왼쪽으로 가시오."라고 가르쳐 준다.

농부의 말대로 왼쪽으로 나가다 커다란 늪지에 빠졌다. 농부에게 속은 것이다. 할 수 없이 되돌아 나와 동쪽을 향했는데 이 헛걸음으로 한의 기병대와의 거리가 좁혀졌다.

다시 동남을 향해 하루를 달려 동성(東城)에 이르렀다. 따르는 자는 이제 28기로 줄어 있었다. 그 뒤로 한의 기병대가 바짝 추격해 온다. 항우가 높은 언덕 위에 말을 세우고 바라보니 그 수는 수 천기였다.

"도저히 탈출은 불가능하다."

항우는 이렇게 판단하자 28기를 향해 말했다.

"내가 거병한지 8년이 되었다. 그 사이 나는 70여 차례를 싸웠으나 한번도 진 일이 없다. 항상 상대방을 무찔러 항복시키고 천하를 눌렀다. 그러나 이제 여기서 궁지에 빠졌다. 이것은 하늘이 나를 망하게 하는 것이지 싸움에 약해서가 아니다. 오늘 죽기로 각오했다. 원컨대 그대들을 위해 반드시 세 번 한군에게 이기고자 한다. 한의 포위를 무너뜨리고 장수를 베고 깃발을 쓰러뜨림으로써 하늘이 나를 망하게 하려는 것이지, 내 용병이 서툴러서가 아님을 보여줄 것이다."

항우는 28기를 7기씩 나누어서 사방으로 나가게 했다. 한군은 이것을 겹겹이 둘러쌌다.

항우는 "적중을 돌파하거든 언덕의 동쪽에서 세 군데로 나누어 집결하라."고 지시한 다음 멀리 한의 장수 하나를 가리키며 말했다.

"저 녀석을 내가 죽여주겠다."

항우는 함성을 지르며 내달렸다. 한군은 바람에 나부끼는 풀잎처럼 흩어졌다. 항우는 한의 장수를 베면서 그대로 달려나갔다. 한의 장수 하나가 이를 뒤쫓았으나 항우가 말머리를 돌리고 눈을 부릅뜨며 "이놈!"하고 소리치자 말이 놀라 뛰어오르고 장수는 몇 리나 도망쳤다.

항우와 함께 한군의 포위망을 돌파한 28기는 미리 약속한 대로 언덕의 동쪽에서 세 군데로 나누어 집결했다. 한군은 항우가 그 세 군데 중 어디에 있는지 몰라 군사를 셋으로 나누어 또 다시 포위했다.

항우는 다시 달려 내려가 단숨에 한군 80~90명을 죽였다. 그리고 다시 부하를 집합시켜보니 2기를 잃었을 뿐이었다. 항우는 남은 부하들에게 말했다.

"어떤가?"

부하들은 모두 엎드려 말했다.

"대왕께서 말씀하신 대로입니다."

항우와 26기는 한의 기병대의 포위를 뚫고 동남쪽으로 달려 장강(양자강) 북쪽 오강(烏江)에 당도했다.

오강에서 장강을 건너면 항우의 고향 땅인 강동(江東)이다. 고향의 냄새가 전해오는 것 같다. 항우의 뇌리 속에 7년 전 숙부 항량과 함께 장강을 건넜을 때의 광경이 떠올랐다. 그때 항우는 선두의 배를 타고 장강을 건넜었다. 8천 명의 장병이 모두 건너는데 이틀이 걸렸다. 그 병사들 중 이제 고향으로 돌아갈 수 있는 사람은 한 사람도 없다. 참담함이 가슴을 에는 듯했다.

'한 사람도 못 돌아왔구나.'

"어찌 나 혼자 돌아갈 수 있단 말인가."

항우는 스스로에게 말했다.

'강동의 부모형제에게 무슨 면목으로 대면하랴. 지금부터 힘껏 싸우고 나서 죽자.'

'항우는 싸움에 져서 죽는 것이 아니다. 하늘이 항우를 망하게 하는 것이지 항우의 용병이 서툴러서가 아니었다는 사실을 천하에 알리자.'

오강에는 역참이 있었다. 그곳 정장이 항우 일행을 맞이하여 강을 건널 배를 마련해 주었다.

"강동은 좁다 하나 사방 천리, 인구는 수십 만이나 됩니다. 왕다운 지위를 유지하는데는 충분한 땅입니다. 대왕께서는 제발 서둘러 강을 건너십시오. 지금 배를 갖고 있는 것은 저뿐입니다. 한군이 와도 건널 수는 없습니다."

항우는 쓸쓸하게 웃으며 말했다.

"하늘이 나를 멸망시키려 하는데 어찌 이 강을 건널 수 있겠소. 그리고 나는 강동의 자제 8천명과 강을 건넜는데 지금은 한 사람도 돌아오지 못했소. 설령 강동의 부형이 불쌍하게 여겨 나를 왕으로 추대한다 해도 무슨 면목으로 내가 그들을 대하겠소. 설령 그들이 아무 말도 하지 않는다 해도 나는 혼자 마음속으로 부끄러움을 금할 수가 없소."

그리고 나서 정장에게 말했다.

“나는 그대가 이곳의 장자(長者)임을 알고 있소이다. 내 애마를 주겠소. 나는 이 말을 5년 동안이나 타고 다녔는데 실로 명마여서 하루에 천리를 달린 일도 있소. 차마 죽일 수가 없구려.”

항우는 정장에게 추(騅)를 주고 부하들에게도 말했다.

“너희들도 다 말에서 내려라. 이제부터는 보병이 되어 싸우자. 초군이 얼마나 강한가를 한군에게 보여주어야 한다.”

부하 26명도 모두 말에서 내렸다. 애마를 죽이고 싶지 않은 마음은 항우와 같았다.

곧 한의 기병대가 쫓아왔다. 항우는 우글거리는 한군 속으로 쳐들어갔다. 26명의 초군도 뒤따랐다. 칼을 뽑아들고 싸우는 육탄전이 시작되었다. 사마천의 〈사기〉에는 항우 혼자 죽인 한의 군사가 수백명이라고 기록하고 있다. 항우 자신도 10여 군데 칼에 찔렸다.

항우는 이제 마지막이 온 것을 알았다. 어깨로 크게 숨을 쉬며 어쩌다 눈앞을 보니 거기에 여마동(呂馬童)의 얼굴이 있었다. 여마동은 예전에 항우를 섬기다가 지금은 한에서 기병대장으로 있는 자였다.

“오, 너는 마동이 아닌가.”

항우는 말을 걸었다.

여마동은 항우를 흘깃 봤으나 무섭기도 하고 계면쩍기도 했다. 시선을 피하며 곁에 있는 자에게 항우를 가리키며 말했다.

“저게 항왕이야.”

항우는 “마동아!”라고 불렀다. “한왕은 내 목에 황금 천금과 1만

호의 영토를 걸었다지. 지금 내가 그것을 너에게 주련다."

항우는 그 자리에 선 채 오른손에 쥔 칼로 목을 겨누고 칼끝을 왼손을 받치며 머리를 뒤로 뺀 다음 반동과 함께 앞으로 내던졌다. 선혈이 뻗치고 머리가 댕강 나갔다. 그 위로 항우의 거대한 몸통이 쿵하는 소리와 함께 쓰러졌다.

항왕의 시체에 한의 병사들이 덤벼들었다. 거기에 황금 천금과 1만호의 영토가 달려 있는 것이다.

왕예란 자가 재빨리 머리를 차지했다. 몸통을 둘러싸고 치열한 투쟁이 시작되었다. 서로 얼키고 설키고 밟으며 치며 몸싸움을 벌였다. 양손 양다리를 붙잡고 힘껏 당기니 항우의 사지가 찢어졌다. 이 다툼으로 수십 명이 죽고 다쳤다고 〈사기〉는 기록하고 있다.

다섯 명이 항우의 시체를 나누어 차지했는데 그들은 모두 제후로 봉해졌다.

사마천은 항우를 평하여 다음과 같이 적었다. '항우가 스스로의 잘못을 깨닫지 못하고 잘못을 자책하는 일없이 오히려 "하늘이 나를 멸망시키는 것이지 용병이 서툴렀기 때문이 아니다"라고 말하고 있는 것은 아주 잘못된 것이 아닐까.'

項羽劉邦

8. 유방, 천하를 손에 넣다

"폐하께서는 장수를 지휘하는 장수[將之將]이고, 저는 병사를 지휘하는 장수[兵之將]일 뿐입니다. 이것이 제가 폐하께 끌려온 이유입니다."

—모반 혐의로 끌려온 한신이 한고조 유방에게 했던 말

유방, 황제가 되다

유방은 드디어 초의 땅을 평정하고 천하를 통일했다. 그의 나이 45세 때였다. 제후들은 한왕을 공경하며 황제가 되기를 바랐지만 유방은 사양했다.

"현명하지 않은 사람이 황제의 칭호를 갖는 것은 빈말과 헛된 얘기처럼 알맹이가 없는 것이다. 내게는 도저히 제위에 오를 자격이 없다."

그러나 군신들은 너나할것 없이 황제 자리에 오를 것을 간청했고 유방은 세 번 사양 끝에 수락했다. 한왕 5년(BC 202) 2월, 유방은 범수(氾水) 북쪽에 단을 쌓아 하늘에 제를 올린 뒤 황제의 자리에 올라 고조(高祖)가 되었다. 동시에 여씨를 황후로 하고, 태자를 황태자로 했다.

그리고 한신을 제왕(齊王)에서 초왕으로 옮겨 앉히고 도읍을 하비로 했다. 이것은 '한신이 초의 풍속에 익숙하므로 초나라 오랑캐들을 다스리는데 적임이다'라고 생각했기 때문이다.

유방은 낙양에 도읍을 정했다. 남궁(南宮)에서 주연을 열고 여러 제후들에게 물었다

"내가 천하를 얻고 항왕이 천하를 잃은 것은 왜일까. 솔직하게 말해보오."

왕릉(王陵)이란 자가 대답했다.

"폐하는 사람을 엄격하게 보고 평가하시는데, 항우는 인자하고 사람을 사랑합니다. 폐하께서는 병사에게 성을 공략시키셨을 때, 이것을 항복시킨 자에게 그 땅을 나누어줌으로써 천하와 이(利)를 나누셨습니다. 그와 달리 항왕은 현자를 시샘하고 유능한 자를 미워했으며 공로 있는 자를 죽이고, 싸움에서 이겨도 상을 주지 않고 땅을 획득해도 다른 사람에게 나누어주지 않았습니다. 이것이 천하를 잃은 이유입니다."

그러자 유방이 웃으면서 말했다.

"귀공은 하나는 알고 둘은 모르는구려. 막장 안에서 모략을 짜내고 승리를 천리 밖에서 결판내는 것은 내가 장량에 미치지 못한다. 나라를 평정하고 백성을 어루만져주며 병사들에게 지급해야 할 양식을 끊어뜨리지 않는 일에서는 나는 소하를 따르지 못해. 백만 대군을 이끌고 나가 싸우면 반드시 이기고, 공략하면 반드시 쟁취하

는 점에서는 한신에 미치지 못한다. 이 세 사람은 모두 인걸로서 나는 이들을 잘 쓸 수가 있었다. 이것이 내가 천하를 얻은 이유이다. 항우는 단 한 사람의 범증조차도 쓰지를 못했다. 이것이 내게 패한 이유이다."

1등 공신 소하

유방이 황제 자리에 오른 지 2년째. 연표상으로는 BC 201년의 일이다.

정월에 유방은 논공행상을 했다.

"장량은 직접적인 전투의 공은 없었으나 막장에서 책략을 짜내고 승리를 천리 밖에서 결정지은 공이 크다. 그대가 알아서 3만호의 봉읍을 고르도록 하는 것이 좋겠다."

장량이 대답했다.

"처음엔 저는 하비에서 일어나 폐하와 류(留)에서 상봉했습니다. 이것은 하늘이 저를 폐하께 내려주신 것이라고 생각하고 있습니다. 폐하께서 저의 계책을 써주셨는데 다행스럽게도 적중한 것입니다. 저에게 류를 주신다면 그것으로 족합니다. 3만호라니요, 당치도 않습니다."

이렇게 해서 장량은 류후로 책봉되었다. 또 유방은 소하의 공도 크다며 찬(酇)의 제후로 책봉했다.

소하가 차지한 봉읍이 너무 많다고 불만을 가진 공신들이 유방에게 말했다.

"저희들은 갑옷과 투구를 걸치고 무기를 들고, 많은 사람은 백여 차례, 적은 사람도 수십 차례나 싸웠습니다. 다소간의 차이는 있지만 너나없이 성을 공격하고 땅을 빼앗았습니다. 하온데 소하는 아직까지 땀 흘리도록 싸워본 적도 없고 오직 시를 쓰고 글을 짓는 일만을 일삼으며 논의만 했는데 그 공이 오히려 저희들보다 위에 있다는 것은 어찌된 일입니까."

"그대들은 사냥을 알 것이오. 수렵에서 짐승, 토끼를 몰아 죽이는 것은 사냥개이고 밧줄을 던져서 짐승이 있는 곳을 가리키는 것은 인간이오. 지금 그대들은 그냥 뛰어 돌아다니다가 짐승을 얻은 것이니 그대들의 공은 개의 공이오. 소하로 말하면 밧줄을 던져서 가리킨 것이므로 인간의 공이 되는 것이오. 그뿐만 아니라 그대들은 그냥 단신으로 나를 따랐으며 많아봤자 일족 2~3명이 가세했겠지만 소하는 일족 수십 명이 모두 나를 따라줬소. 그 공은 잊을 수가 없는 것이오."

유방은 공신들의 불만을 일축했다.

후일 직위와 직급을 정할 때도 공신들은 조참은 몸에 70군데가 넘는 상처를 입었고, 성을 공격하여 땅을 획득했으니 그 공이 최대라고 주장했다. 그러나 유방이 마음속으로 생각하고 있는 1등 공신은 소하였다.

악군이라는 자가 앞으로 나와서 거침없이 말했다.

"군신들의 주장은 모두 틀렸습니다. 조참은 물론 야전 공략의 공이 있습니다. 하지만 폐하께서는 초와 공방하기 5년 동안 끊임없이 병사와 백성을 잃기도 하고 겨우 몸만 피해서 달아난 적도 종종 있었습니다. 그런데 소하는 관중에서 군사를 보내어 보충하고 폐하의 군사와 식량의 위기를 구한 일도 여러 번 있었습니다. 형양성에서 초군과 공방했던 수년간 소하는 관중에서 군량을 계속 보내어 전혀 양식이 부족하지 않도록 했습니다. 폐하는 가끔 패퇴한 일도 있었지만 소하는 언제나 관중을 빈틈없이 지키며 폐하의 귀환을 기다리고 있었습니다. 이것은 크나큰 공이라 하지 않을 수 없습니다. 설령 조참 같은 사람을 백 명 잃더라도 그다지 큰 어려움은 없었을 것입니다. 또 이런 사람 백 명을 얻는다 할지라도 안전은 보장되지 않습니다. 소하의 공이야말로 제1로 해야 하고, 조참은 그 다음으로 해도 된다고 생각합니다."

유방은 그 말에 동의했다.

"악군의 말이 정말로 옳은 말이오."

유방은 소하를 1등 공신으로 정했다. 소하에게는 칼을 차는 것, 신발을 신은 채 어전에 오르는 것, 조정에서 빠른 걸음 걷지 않아도 되는 것 등 특권이 주어졌다.

"현자를 추천한 사람에게는 포상을 한다고 했소. 소하의 공도 악군의 추천이 있었기에 더욱 명확해졌소." 라고 말하고 악군을 안평(安平)의 제후로 책봉했다.

이날 유방은 소하의 부자, 형제 십여 명을 모두 책봉하고, 식읍(食

邑, 영지)을 주고 소하에게는 따로 식읍 3천호를 전별금으로 주었다. 그것은 예전 진나라 시절, 유방이 함양으로 부역을 나갈 때 소하가 유방에게 다른 사람보다 전별금을 200전 더 전해준 것에 대한 보답이었다.

이렇게 해서 공신 409명이 봉읍을 받고 한제국(漢帝國)에 있어서의 공식적인 신분과 지위를 얻게 되었다.

장수의 장수(將之將), 병사의 장수(兵之將)

초나라를 다스리고 있던 한신은 곳곳에 병사를 지키게 하여 현과 읍의 통행을 엄하게 감시했다. 그 때문에 백성들의 심한 불만을 사고 있었다. 이 엄중한 경계 태세를 두고 "한신이 모반했다."라고 밀고한 자가 있었다.

유방은 한신의 행동에 대해 측근들에게 자문을 구했다. 즉시 토벌해야 한다는 의견이 지배적이었다.

그러나 진평만은 의견이 달랐다. 섣불리 한신을 제거하기보다는 순행(巡行)을 하며 동정을 살피라고 헌언했다. 진평은 황우와 범증을 이간시키는 기발한 계책을 세운 뒤로 유방의 두터운 신뢰를 얻고 있었다.

유방은 남쪽 운몽(雲夢)의 두 큰 호수가 있는 곳에서 초의 왕과 제후들과의 회견을 소집하고, 장소를 진(陳)으로 정했음을 알렸다.

유방이 초에 도착할 무렵, 한신은 어찌할까 고민하고 있었다.

'내 지금의 병력이라면, 이 기회에 황제를 칠 수 있을지도 모른다. 황제가 천하를 평정한 이후로 의심이 몹시 심해졌다. 내가 공을 세워 이름을 올렸기 때문에 황제께서 내가 역모를 꾀하는 것은 아닌지 의심하실지 모른다. 그렇다면 어찌해야 좋을까.'

한 신하가 한신에게 말했다.

"종리매의 목을 벤 다음 황제를 알현하시면 아무런 걱정하실 필요 없을 겁니다."

원래 항우의 무장인 종리매는 한신과는 전부터 좋은 사이였다. 항우가 죽자 종리매는 한신에게 귀속하고 있었는데 유방은 이것을 탐탁치 않게 생각하고 있었다.

이를 눈치챈 종리매가 한신을 향해 말했다.

"본래 초나라의 장수였던 나를 유방이 미워하고 있음은 알고 있다. 만약 공이 나를 죽여 유방에게 아첨하려 한다면 나는 오늘이라도 죽으면 그만이지. 하지만 공도 뒤따라 죽음을 당할 것이다. 공은 장자가 못 돼."

종리매는 한신을 힐난하며 스스로 목을 쳐서 죽었다.

한신은 그 목을 가지고 진(陳)에서 유방을 알현했다. 그러나 그 자리에서 체포되어 뒷수레에 감금당해 버렸다.

한신은 한탄했다.

"과연 이렇게 되고 말았다. 토끼 사냥이 끝나면 사냥개는 삶아 먹히고(狡兎死良狗烹) 적국이 망하면 모신도 죽는구나(敵國破謀臣亡).

이미 천하가 평정된 이상 내가 요리감이 될 차례가 된 것도 당연한 일이겠지."

이 말을 전해들은 유방은 한신을 불러오게 했다.

"귀공의 모반을 밀고한 자가 있었던 것일세."

유방의 마음속에는 여전히 한신에 대한 믿음이 있었다. 함께 전장을 헤쳐온 동지애가 유방의 가슴속에 일순 솟구쳤다.

유방은 무릎을 꿇은 한신을 일으켜 세워 자리에 앉혔다. 그리고 지난날의 숱한 전투와 장수들에 관한 얘기를 나누었다. 그러다가 문득 유방이 물었다.

"귀공은 나를 어떤 장수라고 생각하느냐?"

"폐하께서는 10만 정도의 장수입니다. 그 이상은 무리입니다."

유방은 묘한 기분이 들었다. 백만, 천만 대군을 거느릴 수 있는 한신이 자신더러 10만의 장수라고 말하는데야 썩 좋은 기분은 아니었다.

"그럼 귀공은?"

"다다익선(多多益善)입니다. 신은 병사가 많을수록 유능한 장수입니다."

그런 한신이 자신 앞에 끌려온 것이 우스꽝스럽게 여겨졌다.

"그런 귀공은 지금 왜 내 앞에 끌려와 있느냐."

"폐하께서는 장수를 지휘하는 장수[將之將]이고 저는 병사를 지휘하는 장수[兵之將]일 뿐입니다. 이것이 제가 폐하께 끌려온 이유입니다."

유방은 그 말에 깊은 감명을 받았다.

유방은 낙양에 다다르자 한신을 용서하고 계급을 낮추어 회음후(淮陰侯)로 했다.

한신의 최후

유방이 한의 제위에 오른지 4년이 되던 해.

북쪽 흉노를 토벌하고 유방이 귀환해보니 소하가 미앙궁(未央宮)을 중심으로 하여 동쪽과 북쪽에 궁궐을 짓고, 앞쪽에는 전각을, 그리고 무기고와 큰 창고 등을 거대하게 짓고 있었다.

유방은 소하를 꾸짖으며 문책했다.

"천하가 아직 평안치 못한데 그처럼 호사스런 궁실을 짓다니 어찌된 일인가."

소하가 말했다.

"천하가 아직 안정되지 않았으니까 더더욱 궁실을 훌륭하게 만들 필요가 있는 것입니다. 그뿐만 아니라 천자는 4해(四海)로 집을 이룬다고 했습니다. 장대하고 화려하지 않으면 권위가 빛나지 않는 법입니다. 또한 후세 자손들에게는 이보다 더 장대하게 할 수 없도록 해두자는 것입니다."

유방은 생각을 바꿔 오히려 기뻐했다.

이듬해 8월 미앙궁이 완공되자 유방은 대전 앞에서 대연회를 벌

였다. 그때 유방은 아버지 태상황의 장수를 축하하고 옥으로 만든 술잔을 올리며,

"옛날 제가 건달로 빈둥거릴 때 한탄 많이 하셨죠."

그 말에 군신들이 크게 웃고 만세를 외치며 황제를 축하했다.

이듬해 태상황이 죽었다. 유방이 비탄에 잠겨 있을 때, 조나라 승상으로 옮겨앉은 진희(陳豨)가 배반했다.

유방은 "진희는 전에 나를 잘 섬겼으며 나는 그를 대단히 신뢰하고 있었다. 더욱이 조나라 땅이 중요했기 때문에 진희를 열후로 책봉했던 것인데 유감천만이다." 라며 친히 정벌군을 편성하여 즉각 토벌에 나섰다.

친정군이 한단(邯鄲)을 에워쌌다. 포위한 지 2개월이 지나, 11월이 되었다.

유방은 '진희는 장수(漳水)를 사이에 두고 싸우지 않으므로 이미 승부는 결판난 것과 다름없다.'고 생각했다.

진희의 장수들이 모두 원래 상인이었음을 알게 된 유방은 밀정을 보내어 부지런히 금품을 뿌렸다. 효과는 금세 나타났다. 추위와 배고픔을 견디지 못하고 진희의 장수들이 줄을 이어 항복해왔다.

진희는 예전 거록(鉅鹿)의 태수로 취임할 때 한신에게 작별 인사를 하러 간 적이 있었다. 그때 한신은 뜰을 거닐면서 작은 소리로 말했었다.

"앞으로 귀군이 부임할 곳은 천하의 정예들이 모이는 땅일세. 귀군은 지금 폐하의 신임이 두터워. 혹시 누가 귀군의 모반을 일러바

친다 해도 폐하는 그것을 믿지 않을 것이야. 하지만 재차 밀고가 있으면 폐하는 의심을 품게 될 것일세. 세번째에 이르러서는 필경 노하여 틀림없이 친히 정벌하고야 말 걸세. 그때에 내가 군사를 일으킨다면 천하는 틀림없이 손에 넣게 되겠지."

진희는 평소부터 한신의 재능을 알고 있었던 터라 이것을 믿고 "장군의 말씀에 따르겠습니다."고 약속했었다.

장안에서는 한신이 모략을 꾸미고 있었다. 한신은 진희가 조나라에서 반역했다는 사실을 알고 밀사를 보냈다.

"그냥 무조건 거병하시오. 내가 이제야말로 귀공을 도우리다."라는 내용이었다.

한신은 와병중이라 움직일 수가 없어 옥에 갇혀 있는 죄수들을 사면시켜 군사로 편입시킨 후, 여후(呂后)와 황태자를 습격할 계획을 세웠다. 여후를 중심으로 한 세력이 한신을 제거하기 위해 끊임없이 책략을 구사하고 있기 때문이었다. 한신은 준비를 갖추고 진희로부터의 연락과 정보를 기다렸다.

죄수들 중에는 도적질을 하다가 체포되어 사형을 집행키로 되어 있던 자가 있었다. 그 사내의 동생이 한신이 모반을 계획하고 있다고 여후에게 밀고했다.

여후가 노하여 한신을 불러오라고 명했다. 그러자 승상 소하가 말했다.

"한신은 병을 구실로 응하지 않으리라 생각됩니다."

소하는 한신에게 사사를 보내어 거짓으로 "진희는 이미 죽었다"

고 전했다.

진희가 죽었다는 소문이 장안 성내에 파다하게 퍼졌다. 소하는 한신에게 사자를 보내어 "와병중이시라는데 될 수 있으면 황후께 알현하여 경하드리시오."라고 전했다.

아무것도 모르고 있던 한신이 알현하자 여후는 미리 배치해둔 병사들을 시켜 한신을 묶어버렸다. 그 길로 한신은 장락궁의 종들이 기거하는 방으로 끌려가 참수당했다.

한신은 그때 "이렇게 부녀자에게 속은 것이 유감천만이다. 하지만 이것도 천명이겠지."라는 말을 남기고 참수당했다. 한신의 부모, 형제, 처자 3족이 모조리 몰살당했다.

그때 한신의 나이는 확실치 않으나 50세를 약간 넘었으리라 생각된다. 추운 겨울의 일이었다.

장량의 불안

병치레가 잦았던 장량은 병상에서 한신의 참수 소식을 들었다. 소하는 자신의 화근도 제거되었다고 생각하며 마음을 놓았다.

한신의 주살을 누구보다 두려워했던 사람이 둘 있었다. 팽월과 회남왕 경포였다. 양왕인 팽월은 진나라 말기 고기 잡는 일이 생업으로 도적떼의 우두머리였다.

젊은이들의 추대를 받아 거사할 때 약속시간에 늦은 한 사람을 죽임으로써 젊은이들을 복종시킨 인물이다. 팽월은 유격대를 지휘하며 항우의 패망에 큰 역할을 했다.

유방으로부터 양왕에 봉해지고 미앙궁에서 개최된 주연에도 참석했으며, 이듬해에도 장락궁 연회에도 참석했다.

그러나 진희가 배반했을 때 한단(邯鄲)으로 출병하라는 명령을 받고도 병을 핑계로 부하 장군과 군사만을 보냈다. 이에 유방은 몹시 화를 냈다. 게다가 "양왕이 모반을 꾀한다"는 밀고도 있어 체포령이 내려진 상태였다.

승상 소하는 팽월을 체포해 촉으로 좌천시켰는데 여전히 팽월에 대한 소문이 그치지 않았으므로 여후와 상의해 주살시켜 버렸다. 3월의 일이었다.

한신과 팽월의 연이은 주살에 놀란 또 한 사람은 회남왕 경포(黥布)였다.

진나라 시절 젊은 경포의 얼굴을 보고 어떤 객이 "일단 형벌에 걸렸다가 그 뒤 왕이 될 상을 가지고 있다."라고 말했다. 장년이 된 경포는 친구의 죄에 연루되어 얼굴에 문신을 새기는 자자(刺字)형에 처해졌다.

경포는 웃으면서 "옛날 내 관상을 봐준 사람이 형벌에 걸렸다가 그후에 왕이 된다고 했는데, 이 일을 두고 하는 말이군."라고 주위의 수형자들에게 퍼뜨렸다. 그 때문에 '문신 새긴 포'라는 뜻의 '경포'라고 불리웠고, 그 스스로 이름으로 쓰게 되었다.

경포는 한신과 팽월이 살해되자 크게 두려워하고 있었다. 팽월의 시신은 해(醢, 시신으로 젓갈을 담그는 형벌)에 처해져 제후들에게 배포되었는데 경포에게도 젓갈 단지가 배달되었다.

경포는 자신도 머지않아 젓갈이 되어버리지는 않을까 걱정되어 몰래 군사를 정비해 유방 타도를 계획하게 되었다.

경포에게는 총애하는 애첩이 있었는데, 그 애첩이 병이 나서 의사의 진료를 받고 있었다. 의사의 집이 경포의 가신인 분혁(賁赫)이라는 사람과 바로 이웃에 있어 그 애첩이 언젠가 분혁의 집에 발을 들여놓게 되었다.

이것을 안 경포는 애첩을 추궁했고 역시 불륜 관계가 있었음이 밝혀져 문혁을 체포하려고 했다. 분혁은 말을 몰아 장안으로 달아났다. 경포도 사람을 써서 뒤를 쫓았지만 잡을 수가 없었다. 장안에 도착한 분혁은 글을 써 올려 호소했다.

"경포가 모반을 꾀하고 있음은 이미 증거가 드러났습니다. 일을 일으키기 전에 미리 주살시킴이 좋으리라 생각됩니다."

이때 유방은 진희를 놓치고 장안으로 돌아와 있었다.

유방이 자문을 구하자 소하가 말했다.

"경포에게 그런 일은 있을 수 없으리라 생각합니다. 아마도 원한 때문에 경포를 고발한 것일 겁니다. 여기서는 분혁의 신병을 잡아놓고 비밀리에 경포를 조사하는 것이 좋을 것 같습니다."

경포는 도망친 분혁이 이미 자신의 모반 계획을 고발했을 것으로 생각했다. 게다가 황제의 사자가 와서 조사하기 시작하자 경포는 문혁의 가족을 전멸시킨 다음 거병하여 모반을 일으켰다.

황태자의 스승들

이 무렵, 장안궁에서는 여후가 마음앓이를 하고 있었다. 황태자인 영(盈)이 지나치게 온후해서 오히려 유방의 마음에 들지 않는다는 것이었다.

유방은 늘상 "영은 마음이 약해서 탈이야. 천하를 통치하게 되었지만 우리 유씨 일족을 제외하곤 믿을 사람이 없어. 영은 나이가 15세나 되었지만 저렇게 여리고 나약해서 천하를 지키는 것은 어려울 것이다. 그에 비하면 아우인 여의(如意)가 활달해 믿음직스럽다. 영도 따지고보면 형인 비(肥)를 제쳐놓고 황태자가 된 것이므로 여의가 영의 자리를 바꿔 앉는다 해도 아무도 반대는 못하겠지."라고 생각하고 있었다.

유방은 가까운 측근들과 대신들에게 이런 속내를 내비쳤다.

유방에게는 8명의 아들이 있었다. 장자인 비는 조(曹) 부인의 소생으로 제왕(齊王)이 되었으며, 차남 영은 여후의 소생이었다. 여의는 척(戚) 부인의 소생으로 3남이었다. 4남은 박희(薄姬)의 아들인 항(恒)이고 그밖에도 조희(趙姬)의 아들인 장(長)이 있으며 다른 부인들에게서 태어난 우(友), 회(灰), 건(建)이라는 어린 아들들이 있었다.

여후는 척부인을 미워했으며 그 소생 여의를 끔찍이 싫어했다.

유방이 황태자에 대한 고민을 토로할 때마다 여러 대신들은 충간을 했지만 그렇다고 끝까지 반대하는 사람은 없었다.

유방의 척부인에 대한 총애는 점점 더해졌고 여후는 그냥 걱정만 하고 있을 뿐 어찌할 바를 몰랐다.

어떤 자가 여후에게 장량이 좋은 계책을 헌언하여 유방의 두터운 신임을 받고 있다고 말했다. 여후는 당장 장량을 불러 도움을 요청했다.

"지금 내게 어려움이 닥쳐 있습니다. 계략에 탁월하신 귀후에게 무슨 좋은 계책이 없으신지요."

"폐하께서는 가끔 곤궁에 처하셨을 때, 다행히 저의 계책을 쓰셨지만 지금은 천하가 안정되었고, 애정 때문에 황태자를 바꾸시려고 하는 것입니다. 골육지간의 일을 놓고 저 따위가 무슨 소용이 있겠습니까."

여후는 눈물을 흘리며 머리 숙여 부탁했다.

"제발 나를 위해 좋은 방법을 일러 주시오."

한참 있다가 장량이 입을 열었다.

"이 일에 대해서는 말로써는 폐하께 충간드릴 수 없습니다. 생각컨대 폐하께는 천하에 모시려 해도 모실 수 없는 사람이 네 분 계십니다. 세상에 알려진 상산(商山)의 사호(四皓)로 동원공, 기리계, 하황공, 각리선생 네 분입니다. 이분들은 모두 백발 노인으로 폐하를 불손하다고 생각하며 산중에 은닉한 채 한의 신하가 되기를 거절하고 있습니다. 하지만 폐하께서는 이 네 분을 현자로 여기고 계십니다. 지금으로선 여후께서 금과 옥, 비단을 아끼지 말고, 황태자로 하여금 서한을 쓰라 하시어 겸손한 말씀에다, 편안히 앉을 수 있는 수레를 준비하시고 말재주가 좋은 사람을 보내서 간청케 한다면 그 네 분도 오실 겁니다. 오시면 귀빈으로 모시고 가끔 함께 조정에 들어가시어 폐하께 알현토록 하신다면 폐하는 반드시 기이하다 생각하시고 묻게 될 것입니다. 폐하가 이 네 사람의 어진 것을 아시게 된다면 이야말로 폐하를 설득하는데 일조가 될 것입니다."

여후는 오빠인 건성후(建成侯) 여택(呂澤)과 의논해 황태자의 서한을 지닌 사자를 보내 공손한 언사에 깍듯한 예를 갖추어서 네 사람을 모셔오는데 성공했다. 그들은 건성후의 식객이 되었다.

유방은 나약한 기질의 황태자 영을 경포의 토벌 장군으로 파견하려 했다. 이때 네 현자들이 상의했다. "우리들이 이곳에 온 것은 황태자의 자리를 지키기 위해서인데 그 황태자가 장군이 된다면 큰 걱정이다."

그래서 건성후에게 돌려서 말했다.

"황태자가 장군이 되어 공로를 세운다 한들 지금의 지위가 높아지거나 이익되는 것이 아무 것도 없습니다. 만약 황태자가 공로 없이 돌아오신다면 오히려 화를 입게 될 것입니다. 게다가 황태자와 동행하는 장수들은 모두 전에 폐하와 함께 천하를 평정했던 용맹스런 장수들뿐입니다. 지금 황태자에게 그들을 통솔케 하는 것은 양을 늑대의 장수로 하는 것과 다를 바 없습니다. 아무도 황태자를 위해 진력을 다하지 않을 것입니다. 따라서 황태자는 결코 공을 세우지 못할 것입니다. 지금 척부인은 낮이나 밤이나 폐하 곁에서 시중을 들고 있으며, 그 아들 여의는 항상 어전에 있습니다. 그리고 폐하는 입버릇처럼 '어차피 못난 자식(영)을 사랑스런 아들(여의) 윗자리에 앉힐 수는 없잖아'라고 말씀하신다는데 이대로라면 여의가 황태자의 자리에 바꿔 앉게 될 것이 뻔한 일입니다."

건성후는 진지하게 듣고 있었다.

"귀공은 여후를 시켜 즉시 폐하께 이렇게 말씀드리도록 해야 합니다. '경포는 천하의 명장이고 용병의 달인입니다. 지금 우리 장수들은 모두 폐하의 동년배들입니다. 그렇다면 황태자로 하여금 이 사람들을 통솔케 하는 것은 무리입니다. 더구나 경포에게 이것이 알려진다면 그가 기세를 올리며 서쪽으로 진격해 올 것이 뻔합니다. 폐하께서 병중이긴 하시지만 무리가 되시더라도 로차에 타시어 자리에 누우신 채 모든 장수들을 지휘하신다면 장수들인들 어찌 사력을 다하지 않으오리까'라고 말입니다."

오빠 건성후에게서 이 말을 전해듣자 여후는 유방을 찾아갔다. 유방은 예전에 오른쪽 가슴에 입은 화살 상처 때문에 병상에 누워 있었다. 유방은 "나도 당신 말처럼 어쩐지 마음이 놓이지 않았지. 영을 보내봤자 아무런 보람도 없겠지 걱정하고 있던 참이오. 내가 나서는 수밖에 도리가 없겠군."이라고 말했다.

유방은 불편한 몸을 이끌고 로차에 올라 군을 통솔해 동쪽으로 향했다. 군신들은 패상까지 따라가 전송했다. 장량은 쇠약해진 몸이지만 장안의 동쪽 곡우(曲郵)까지 수행하며 유방에게 말씀을 올렸다.

"저도 마땅히 폐하를 모시고 가야만 하는데 병이 깊어지고 말았습니다. 초나라 사람들은 날렵하고 사나워서 발이 빠르므로 결코 폐하께서는 창을 가지고 맞서 싸우시면 안 됩니다."

유방이 웃으며 말했다.

"병중이라 힘들겠지만 황태자의 스승이 되어주기 바라오."

유방이 이끄는 친정군은 회수에서 경포 군과 격전을 벌였다. 유방이 용성(庸城)에 성벽을 높이 쌓고 그 위에서 경포의 군대를 바라보니, 그 포진은 예전 항우 군대의 군진과 흡사했다. 유방은 옛날의 괴로웠던 생각에 사로잡히면서 경포를 향해서 소리쳐 물었다.

"무엇 때문에 모반했는가?"

경포는 거만하게 대답했다.

"황제가 되고 싶었을 뿐이야."

이에 노한 유방은 총공격을 명령했다. 유방군의 맹렬한 공격에 경포의 군대는 곧바로 패하여 회수를 건넜고, 경포는 패잔병 백여 명과 겨우 강남으로 도주했으나 번양(番陽)의 민가에 숨어 있다가 발각되어 살해되었다. 또 도망하던 진희도 번쾌의 군에 쫓기다 영구(靈丘)에서 참살당하고 말았다.

項羽劉邦

9. 한신 · 장량 · 소하의 최후

"인간은 괴로움이 있어야 일할 의욕이 생기고 원기가 나는 법이다. 괴로움에 지지 않으려는 투지가 생기면서 삶의 의욕도 생기는 법이다."

—유방이 죽은 후, 말년의 소하가 급격히 원기를 잃어가며 하는 말

후계자 선정의 어려움

경포를 토벌하러 간 전투에서 유방은 화살에 맞아 그 상처가 곪는 바람에 고열에 시달리면서 장안으로 돌아왔다.

병세가 점점 더 심해지는 와중에도 유방은 황태자를 여의로 바꾸려고 했다. 장량이 이를 말렸지만 들어주질 않았다.

장량은 자신의 병을 한탄하며 "아, 내가 좀더 건강했더라면 황제 곁에서 계속 시중을 들며 윤허하실 때까지 영 태자를 지킬 수 있었을 텐데…… 지금 도가(道家)의 양생법인 도인술을 배워서 부지런히 하고는 있지만 어쩐지 뜻대로 되지 않는구나." 하고 말했다.

유방의 쾌유를 비는 연회가 열렸다. 그때 황태자의 자리에 네 현사가 수행했다. 모두 80여 세로 턱수염과 눈썹이 새하얗고 의관이

훌륭했다. 유방은 이상한 생각이 들어 환관에게 물었다.

"저들이 뭐하는 사람들인가?"

네 사람은 앞으로 나서며 각각 자신을 동원공, 각리선생, 기리계, 하황공이라고 대답했다.

"내가 수년 동안이나 그대들을 찾고 있었는데 나를 피하고 있었소. 지금 그대들은 무슨 까닭으로 내 자식 곁을 따르고 있는 것이오?"라고 유방이 물었다.

네 사람은 이구동성으로 "폐하께서는 흔히 사람을 심하게 꾸짖으십니다. 그러한 치욕을 받을 수 없는 까닭에 숨어 지내왔던 것입니다. 그런데 가만히 들은 바에 의하면, 황태자는 태어날 때부터 어질고 효심이 깊고 선비를 사랑하셨으며, 사려 깊으시다고 들었습니다. 그 때문에 황태자를 위해서라면 언제든지 기꺼이 목숨을 바치겠다는 사람도 많다고 합니다. 그래서 저희들이 나온 것입니다." 라고 말했다.

유방은 네 사람에게 "그대들은 번거롭고 괴롭겠지만 오래오래 황태자를 돌봐주기 바라오." 라고 부탁했다.

네 사람은 그 자리에서 유방의 장수를 축복하고 연회가 끝나자마자 서둘러 그 자리를 떠났다. 유방은 그들을 눈으로 배웅한 다음, 척부인을 불러놓고 네 사람의 뒷모습을 가리키면서 말했다.

"나는 황태자를 바꾸려고 했었는데 저 네 사람의 현자가 황태자를 보좌하고 있다. 황태자를 곁에서 도와주는 스승이 생겼으니 어쩔 수가 없다."

척부인은 그냥 울기만 할 뿐이었다.

유방은 춤을 잘 추는 척부인에게 "난들 어쩔 도리가 없는 것 같구나. 자 이제 마음을 단단히 먹고 네가 잘 추는 초나라 춤이나 보여다오. 나는 너를 위해 초나라 노래를 부르마."라면서 척부인의 춤에 맞추어 흐느끼면서 노래를 불렀다.

장량은 상산사호가 황태자를 수행해 올 것이라는 것을 이미 알고 있었으므로 병중이지만 주연에 참석하고 있었다. 연회석에서 유방의 맑은 노랫소리를 들으며 천운을 타고난 유방의 인생과 자신의 과거를 되돌아보았다.

"우리 가문은 대대로 한(韓)의 재상이었다. 한이 멸망했을 때, 한을 위해 강국 진(秦)에 복수하느라 나는 천하를 뒤흔들어놨다. 저 박랑사(博浪沙)에서 시황제를 없애버렸더라면 더 빨리 천하는 평온해졌을 것을…… 하지만 천명이라면 이것은 어찌할 수 없는 것. 황제는 미천한 신분에도 천하를 얻었고, 나는 재상급 가문 출신인데도 지금 이렇게 황제를 섬기고 있다. 이것도 하늘이 내리신 운명이겠지. 다만 지금 황제의 병이 깊어 재기하신다 해도 거의 국정을 집행하는 것은 무리일 것이다. 나는 황제의 스승이 되기도 했고, 만호(萬戶)의 읍에 책봉되어 열후의 직위도 얻었다. 그것으로 만족해야 하는가."

장량이 곰곰이 생각컨대 건강이 제일이다. 황제의 병은 화살로 인한 상처가 원인이 된 근심에서 오는 병이다. 나는 다년간 병약했는데 이것은 하늘이 주신 것일 게다. 이제부터는 속세의 일은 잊어버리고 옛 선인의 도를 따라 세월을 보내겠다고 결심했다.

그래서 곡기를 끊고 도가의 양생술인 부앙식(俯仰式, 누웠다 엎드렸다 하는 방식) 호흡을 하고 다리를 굽혔다 폈다 하며 기혈(氣穴)을 충족시키는 건강 촉진술을 실행하며 몸을 가볍게 하는 도인술에 몰두했다.

천하를 가진 자의 욕심

중병으로 병상에 누워 있는 유방에게 "승상 소하가 강제적으로 백성들의 논과 밭을 싸게 사들였으며 그 금액은 수천에서 일만금에 달한다." 또 "승상은 사리사욕을 취하는데 전념하고 있으며 상인들로부터 거액의 돈을 받았다."라고 고하는 신하가 있었다.

유방은 즉시 소하를 붙잡아 족쇄를 채워서 옥에 가두었다. 며칠 후 궁중의 경호를 맡은 왕(王)이란 자가 유방을 배알했다. 청렴강직하기로 정평이 나 있는 인물이었다.

"승상에게 무슨 큰 죄가 있다고 갑자기 옥에 가두셨습니까."

유방은 깊은 한숨을 내쉬며 말했다.

"이사(李斯)는 진시황제의 재상이었을 때 좋은 일이 있으며 황제의 덕으로 돌렸고 나쁜 일이 있으면 자신의 탓으로 돌렸다고 한다. 그런데 소하는 상인들로부터 뇌물을 받았으며, 황실의 토지를 분할해 백성을 위해 경작시키겠다고 품신하는 등 백성들에게 아첨하고 있다. 그 때문에 구속하여 죄를 밝히려는 것이다."

왕(王)이란 자가 조용하게 말을 이었다.

"행여라도 직무상 혹 백성들에게 이익되는 것이 있으면, 이것을 짊어지는 것이 참다운 승상 소하님의 책임일 것입니다. 폐하께서는 어째서 승상이 상인의 돈을 받았다고 의심하시옵니까? 폐하가 초를 방어하시는 수년 동안, 또 진희와 경포가 모반하면 친히 진두지휘하시어 정벌을 하시는 동안 승상은 관중의 땅을 지키고 있었습니다. 이때 만약 발밑이 흔들리기라도 했더라면 함곡관의 서쪽은 폐하의 영토가 되지 못했을 것입니다. 그런 기회를 이용하려고도 하지 않았던 승상이 웬일로 새삼스럽게 상인들의 돈에 눈이 어두워졌을까요. 진은 스스로 잘못을 반성하지 않았기 때문에 천하를 잃은 것입니다. 진의 승상 이사가 잘못을 분담하는 것을 가지고 어찌 모범이라고 할 수 있겠습니까. 폐하께서 승상을 의심하신 것은 좀 얕은 생각이 아니었을까요."

왕가의 말을 듣고난 유방은 소하를 의심했던 자신이 부끄러워졌다. 유방은 곧바로 소하를 풀어주도록 명했다.

소하는 원래 조심스럽고 공경스럽다는 평을 듣는 사람이었다. 소하는 곧바로 유방의 병상을 찾아가서 위문을 했다. 그러자 유방은 "승상 용서하오, 내 얕은 생각 때문에 노구에 심한 노고를 끼쳤구려. 모두 한(漢)을 지키려는 마음에서 그런 것이라고 너그럽게 이해를 해주시오. 승상께서는 푹 쉬시구려."라고 말하고 유방은 회한의 눈물을 흘렸다.

그러자 소하는 충심으로 말했다.

"폐하와 저는 먼 옛날부터 생사고락을 함께 해왔습니다. 이까짓 오해와 투옥 따위가 무슨 고생 축에나 들겠습니까. 저는 젊은 시절부터 폐하가 귀한 관상임을 믿었고 지금도 폐하의 덕분에 신하로서는 최고 높은 승상의 자리를 누리고 있습니다. 저는 젊은 시절 고향 패(沛)에서 공부했던 것이 인생에 큰 도움이 되었다고 생각합니다. 이렇다 할 공도 없는 저에게 폐하께서는 상을 많이 내리셨습니다. 제가 명심하고 있는 것은 결코 오만하지 말고 사람들에게 감사해야 된다는 것을 스스로에게 다짐하고 살아가고 있습니다. 이것은 젊은 시절부터의 저의 신조이기도 합니다. '장년의 나이에 너무 영화를 누리면 하늘에 슬퍼하라'는 말이 있습니다. 그러나 말년이 좋아야 훌륭한 인생이라고 하지 않습니까. 저는 말년에 폐하의 덕으로 이처럼 영화를 누리면서 살고 있다는 사실만으로도 항상 감사하고 있습니다. 폐하께서는 하루라도 빨리 쾌유하시고 저의 하찮은 일 따위는 잊어주시기 바랍니다."

소하의 말을 묵묵히 듣고 있던 유방은 병상에 누운 채 고개를 끄덕였다.

이어 소하는 고향 패수(沛水)에서 가져온 맑은 물을 권하면서 "이 국수(菊水)는 폐하와 저의 고향에서 난 영험한 물입니다."라면서 직접 유방에게 마시게 했다.

이를 마시던 유방의 눈시울이 붉어졌다.

여태후의 악행

패공(沛公), 한왕(漢王)이라 칭했다가 황제가 된 지 12년째인 BC 195년, 유방은 52세의 나이로 세상을 떠났다. 무더운 초여름이었으나 4일 동안이나 유방의 죽음은 세상에 알려지지 않았다.

여후는 두세 명의 측근들을 불러 의논했다.

"여러분 장수들은 황제와 마찬가지로 본래는 평민이었으나 지금은 대 제국의 신하가 되었소. 그러나 대부분의 신하들이 불만을 품고 있는 것으로 알고 있소. 지금 황제가 돌아가신 마당에 나이 어린 황태자를 군주로 내세우려면 이들 일족을 모두 멸족시키지 않으면 천하가 안정되지 않고 소란스러울 것이오."

여후의 말을 들은 역(酈)이라는 장군이 말했다.

"황제가 돌아가신지 4일이나 지났는데 아직도 발표하지도 않고 실력자들을 제거하려 한다는 소문이 나돌고 있습니다. 지금 진평과 관영은 10만 대군을 이끌고 형양(滎陽)을 지키고 있고, 번쾌는 20만의 군사를 이끌고 연나라와 대나라를 평정하고 있습니다. 만일 그들이 실력자를 제거한다는 소문을 듣게 된다면 틀림없이 군사를 이끌고 줄줄이 관중(關中)을 향해 공격해올 것이 뻔합니다. 거기에다 궁궐내의 반역세력이 바깥 세력과 합세한다면 이 나라의 멸망은 불을 보듯 뻔한 일이라고 생각됩니다. 나라를 지키기 위해서는 시간이 없습니다."

여후는 곧바로 황제의 죽음을 발표하고 천하에 내사면을 단행했다. 유방의 시신은 장안성의 북쪽에 있는 장릉(長陵)에 봉안되었다. 흉노의 침범으로 골머리를 앓던 유방은 생전에 자신이 죽거든 도성의 북쪽에 유해를 두어 북쪽 오랑캐로부터 나라를 지키는 보루가 되도록 하라는 유언을 남겼었다.

유방의 둘째아들 영이 2세 황제로 즉위했다. 그가 혜제(惠帝)이다. 영의 나이 16세 되던 해이다. 혜제가 종묘를 참배하고 난 뒤 군신들이 논의 끝에, "선제께서는 평민의 신분으로 난세를 바로 잡았으며, 천하를 평정하여 한제국의 시조가 되었다. 그 높은 공로에 존호를 고황제(高皇帝)로 해야 한다."고 결정했다. 그래서 유방을 한의 고조(高祖)인 '한고조 유방'으로 부르게 되었다.

혜제는 척부인의 소생인 이복동생 여의를 아주 귀여워했다. 아버지 유방은 평소 "여의는 네 동생이다. 아직 어리지만 기개가 높은 아이이다. 아직은 철이 없으니 부디 마음써서 보살펴 주기 바란다."고 늘상 말했었다. 여의는 조(趙)왕이 돼 있었다. 마음이 어진 혜제는 선왕 유방의 뜻을 충실하게 지키면서 살아가고 있었다.

12월의 어느 추운 날 아침. 혜제는 사냥을 나가기로 되어 있었다. 여의도 함께 데려가겠다고 약속했기 때문에 그를 깨우러 갔으나 여의는 아직도 잠을 곤히 자고 있다. 혜제는 어머니 여후가 여의를 몹시 싫어하고 있음을 알고 있으므로 항상 감싸주며 함께 생활하고 있었다. 혜제는 곤히 잠자고 있는 여의를 그대로 둔 채 사냥길에 올랐다. 혜제가 사냥을 나간 사이 여후는 측근 내시를 시켜서 여의를 독살시켜 버렸다.

점심 무렵 혜제가 사냥을 마치고 돌아오자 여의는 이미 싸늘한 시체가 되어 있었다. 혜제는 여후에게 여의가 왜 죽게 되었는가를 따졌다.

"어머님은 돌아가신 선제께서 저에게 여의를 잘 돌보라고 입버릇처럼 유언하신 것을 잘 알고 계시지 않습니까? 그런 동생을 저는 매일 함께 지내면서 애지중지 사랑했습니다. 여의도 저를 따랐는데 아무리 척부인이 낳은 자식이라지만 선제의 자식이 아닙니까. 그렇게까지 죽이지 않아도 될 일을…… 아버님이 정하신 국법에 사람을 절대로 죽여서는 안 된다고 하지 않았습니까. 이런 행동은 평민이나 신하였다면 목숨을 부지할 수 없는 행동입니다. 어머님은 황제의 모태후이기 때문에 아무런 처벌도 받지 않고 있지만 천벌을 받을 것입니다."

혜제는 땅을 치며 여의의 죽음에 대해 통곡을 했다.

여후는 오히려 화를 내며 "이제 그만해라. 죽은 사람은 무슨 수를 써도 다시 살아날 수 없다. 내가 이렇게까지 하는 것도 모두 너의 장래를 위해서 하는 것이니 이번 일은 잊어버리도록 하자. 나는 너의 방패막이 되어 나라를 지킬 것이다. 그러므로 너도 이 어미를 따르면 반드시 세상도 태평스러워질 것이니 앞으로는 내가 하는 일에 이러쿵저러쿵하면 안 된다." 라며 엄명을 내렸다.

그리고 여후는 아들을 잃어 슬프게 우는 척부인에게 "이제 이 세상에 여의는 없다. 그렇다면 척부인은 조왕의 어머니가 아니고 겨우 춤이나 추는 천한 무용수에 불과하다."라며 혜제 몰래 척부인이

손발을 자르고, 두 눈알을 후벼 파내고 귀를 불로 태운 다음 벙어리가 되는 약을 먹여서 천정이 낮고 어두운 뒷간에 가두도록 했다.

혜제는 척부인이 보이지 않는 것을 이상히 여겨 혹시나 하는 생각에 여후에게 물었다. 여후는 어쩔 수 없이 혜제를 척부인이 갇혀 있는 뒷간으로 데리고 갔다. 혜제가 뒷간에서 본 척부인은 끔찍한 모습이었다. 후벼 파버린 눈은 퉁퉁 부어오르고, 귀는 문드러지고 양 손발조차 없는 고깃덩어리에 불과한 처참한 광경이었다. 양팔만 남은 척부인은 짐승처럼 "우— 우—" 소리만 낼 뿐이었다. 혜제는 너무나 큰 충격을 받았다.

여후는 혜제에게 냉랭하게 말했다.

"이것이 바로 척부인이다. 이렇게 돼지처럼 돼버렸다. 틀림없는 인시(人豕, 사람돼지)다."

혜제는 복수의 일념에 불타는 여후의 눈꼬리를 보자 등골이 오싹했다.

'이 모습이 진짜 우리 어머니의 모습이란 말인가?'

혜제는 그 자리를 도망치듯 떠났다.

"이 정도의 일로 놀라다니 한심한 자식이다. 돌아가신 선제가 이 모습을 본다면 '영은 겁쟁이구나!'하고 한탄을 하겠지. 내가 한 일은 결코 하늘을 우러러 부끄러움이 없는 일이다. 오히려 하늘은 내 편을 들어주실 것이다. 인간에게는 그에 맞는 분수가 있게 마련이다. 선제가 진(秦)나라 시절 일개 정장(亭長)일 때부터 나는 옆에서 도왔으며, 항왕의 포로가 되어 수모를 겪기도 하였다. 나는 이렇게 온몸과 마음을 바쳐 선제가 천하통일을 하는데 전념을 쏟으며 살아왔는데, 천하가 통일되고 평화가 찾아오니 고작 미모와 춤솜씨만으로 황제의 총애를 받았다고 하여 내 지위를 노린 것은 척녀가 자신의 분수를 모르는 비천한 욕심에서 비롯된 것이다. 척녀의 지금 모습은 하늘이 내린 벌이라고 봐도 될 것이다. 척녀뿐 아니라 한제국을 배반한 자는 남녀 구별 없이 용서치 않고 내가 내리는 법에 따라 엄격하게 다스릴 것이다."

여후는 이를 갈듯 말했다.

척부인 사건을 겪은 혜제는 신하를 여후에게 보내 "태후의 아들로서 이런 상황 아래서는 더 이상 천하를 다스려나갈 수가 없습니다." 라고 고한 다음, 매일 술을 마시면서 정사를 돌보지 않았다. 그런 날이 계속되면서 혜제는 병석에 눕고 말았다.

소하와 장량의 죽음

장량은 도가의 신봉자였다. 도인술에 열중하며 곡기를 끊고 있어 공무를 제대로 돌보지 못하고 있었다. 평소에 장량을 존경하고 있던 여후는 장량의 병문안을 갔다. 그 자리에서 여후는 "노자의 말씀처럼 인간의 일생이란 마치 망아지가 집을 지나치듯 한순간과 같은 것입니다. 그런 짧은 일생을 그토록 괴롭게 지내실 것까지야 없지 않겠습니까." 라고 강하게 설득했다. 장량은 여후의 뜻을 따라 곡식을 먹기 시작했다.

소하 또한 유방이 죽은 이후부터 급격히 원기를 잃어가고 있었다.

"인간은 괴로움이 있어야 비로소 일할 의욕이 생기고 원기가 나는 법이다. 괴로움에 지지 않으려는 투지가 생기면서 삶의 의욕도 솟아나는 법이다. 지금의 나는 매일 평온한 날을 보내면서 하는 일도 없다 보니 어디서 오는지도 모르는 슬픔 같은 것이 계속되어 상심만 깊어갈 뿐이다. 아무런 패기도 생기지 않는구나."

소하는 기분이 우울할 때마다 작은 수레를 타고 장안의 교외로 나가 전원 분위기를 즐기면서 평소 유방이 즐겨 읊던 시를 읊조리곤 했다.

큰 바람이 일어 구름 높으니
위세는 천하에 떨치고 고향으로 돌아가네
어디서 용사를 얻어 천하를 지킬손가

소하는 건강을 회복하기 위해 노력을 계속하고 있었다. 그는 생전의 유방이 했던 말을 늘 떠올리곤 했다.

"승상, 대 한제국의 뒷일을 모두 맡기오."

한제국을 지키기 위해서는 자신이 건강해야 한다고 다짐했지만 소하도 결국에는 병들어 눕고 말았다. 혜제는 개국공신이자 선제의 가장 중요한 참모였던 소하의 집을 방문하여 정중하게 문병했다.

혜제는 병약해진 소하를 보고 "선제를 잃고 지금 이렇게 승상마저 병상에 누우시니 나는 마음이 허전하오. 빨리 나아서 나를 도와주시오. 혹시 승상에게 만일의 일이 생긴다면 나는 대체 누구를 의지하면 좋겠소. 승상을 대신할 사람을 천거해 주시오."라고 탄식했다.

소하는 "제가 안다고 한들 어찌 주군만 하오리까."라며 조심스러워했다.

"조참이 어떨까."

"폐하께서 이미 승상 적임자를 고르셨습니다. 전 이제 죽어도 여한이 없습니다."라고 말했다.

조참은 예전 진나라 말기에 패(沛)의 옥리로서 소하와 함께 현청의 관리였다. 유방이 패공이 되자 측근에 보좌했고 유방이 한왕(漢王)이 되어 한중(漢中)으로 가면서 장군이 되었다. 그후로 조참은 무장으로서 많은 전공을 쌓았으며 지금은 좌승상이 되어 소하를 보좌하고 있었다.

머지 않아 소하도 세상을 떠났다. 그의 나이 56세였다.

제(齊)나라에 있던 조참이 불려와 승상의 자리에 앉았다. 그해 10월 혜제의 형인 제왕(齊王)이 혜제의 쾌유를 위해 배알했다. 제왕은 혜제의 이복 형으로 조부인의 소생이었다.

혜제와 제왕 두 형제와 여후가 한자리에 모여 주연을 베풀게 되었다. 혜제는 가족의 예에 따라 형인 제왕을 상석에 앉도록 했다. 여후는 이날 주연에서 제왕을 독살하기 위해 제왕이 앉을 자리에 독이 든 술잔을 미리 준비시켰다. 그러나 형제의 예를 갖춘다며 혜제가 갑자기 자리를 바꾸자 독이 든 술잔이 혜제 앞에 놓이게 되었다. 자리를 바꾼 혜제가 축배를 들려는 순간, 여후가 일어나 혜제의 술잔을 쏟아버렸다.

순간 의심이 든 제왕은 술에 취한 척하며 예를 갖춘 후 그 자리를 물러나왔다. 제왕은 그 술잔에 독이 들어 있었다는 것을 알게 되었고, 실력자인 여후가 자신의 목숨을 노리고 있다는 사실에 공포를 느꼈다. 제왕은 장안을 무사히 빠져나갈 수나 있을까 하고 공포감에 휩싸이게 되었다.

이것을 알게 된 조참은 즉시 제나라의 관리 황(黃)이란 자에게, "지금 여후가 제왕의 목숨을 노리고 있다. 승상인 나도 여후의 방자함을 어쩔 수가 없다. 이번에는 그냥 여후의 환심을 사는 수밖에 없으니 절대로 저항할 생각을 하지 말아라. 그러니 귀관이 나서서 제나라가 지금 다스리고 있는 70여개 성 가운데 일부를 쪼개서 여후의 딸인 노원 공주에게 헌상케 하면 지금의 위기를 넘길 수 있을 것이다." 라고 은밀히 충고를 해주었다.

황가는 조참의 조언을 곧바로 제왕에게 보고했다. "여태후가 저희 땅을 갖고 싶어하는 모양입니다. 왕께서 부디 성양(城陽)의 땅을 쪼개어 노원 공주께 주시는 것이 좋을 것 같습니다."

제왕은 즉시 여태후를 찾아가서 자신의 영지 일부를 노원 공주에게 주겠다고 말했다. 예상대로 여태후는 얼굴 가득 기쁨을 드러내면서 제왕을 보고 "왕은 역시 내 자식이야."하며 연회를 열어서 환대하는 모양을 갖춘 다음 제왕을 보내주었다.

조참은 승상이 된 후, 매사에 소하가 정한 정책을 그대로 이어나갔다. 사람을 등용할 때도 일선 관리 중에서 말수가 적고 꾸밈이 없는 순박하면서도 덕행이 있는 하급 관료들을 기용했다. 또 법을 집행함에 있어서 사리사욕을 위해 법을 집행하는 관료들에 대해서는 가혹할 정도로 엄하게 다스렸다.

조참은 항상 독한 술을 마셨다. 간혹 요직에 있는 간부들이나 방문객들이 조참을 찾아와 무엇인가 청탁을 시도했다. 또 조참에게 무슨 말인가를 전하려고도 했다. 그러면 조참은 독주를 권했고 결국은 방문객들은 말도 걸어보지 못한 채 술에 취해서 돌아갈 수밖에 없었다. 모든 관리나 방문객들은 조참의 이러한 접대 때문에 공무 이외에는 말조차 못 붙이고 말았다.

승상의 사택은 관리들의 숙소와 가까웠다. 관리들의 대다수는 승상에게 배워 매일 술을 마시며 노래를 부르며 떠들곤 했다.

이렇게 음주의 유행이 널리 퍼졌지만 시비하는 사람은 아무도 없었다.

"승상부의 관리들은 대부분이 술꾼이다. 이것은 승상이 앞장서서 술을 마시기 때문이다. 그렇지만 승상부의 관리들은 모두 우수하고 업무는 틀림없이 수행하고 있으므로 공무상 트집잡을 일은 절대로 없다. 승상부 소속 관리들 중에는 술고래가 많아 술을 마시고도 조정 사무를 잘 처리하기 때문에 승상은 공공연히 음주를 허용하였고 또 자기도 술을 마시며 모범을 보여주고 있다."

또 조참은 남들의 사소한 과실을 봐도 책망하지 않고 덮어줘기 때문에 승상부 관료들은 무사했다.

혜제는 승상인 조참이 정무를 제대로 보지 않는 것은 자기를 어리게 보고 얕보는 것이 아닌가 의심을 하고, 중대부가 된 조참의 아들 줄(窋)에게 말했다.

"중대부는 집에 돌아가거든 넌지시 아버님에게 물어보도록 하라. 선제는 이미 돌아가셨고 혜제는 아직 연소하십니다. 아버지께서는 승상이 되셨는데도 매일 술만 드시고 정사는 아무것도 아뢰지 않고 계시던데 그래 가지고 어떻게 천하를 걱정하실 수 있겠습니까? 라고 말이다. 그렇다고 내가 중대부에게 시켰다는 표시를 절대로 내서는 안된다."

줄은 한가한 틈을 이용하여 자신의 생각이라면서 정중하게 조참에게 말했다.

"아버님은 어째서 정사도 돌보지 않고 술만 마시고 계십니까. 그래가지고 어떻게 천하를 지키시렵니까."

조참은 화를 벌컥 내더니 아들에게 매질을 하기 시작했다.

"너는 빨리 궁중에 들어가서 폐하를 섬기도록 하여라. 천하의 일은 너 따위가 나설 일이 아니다."

이 이야기를 들은 혜제는 아침 조회를 하기 위해 어전에 들어온 조참에게,

"어째서 승상은 아들 줄에게 매질을 하였소. 사실은 며칠 전 내가 줄을 시켜서 그대를 충고한 것이오."라고 꾸짖었다.

조참은 의관을 벗고 혜제 앞에 꿇더니 용서를 빌면서 답했다.

"폐하께서는 폐하 자신의 덕과 용맹함을 선제와 비교해서 어느 쪽이 더 뛰어나다고 보십니까?"

"나를 어찌 선제에 비교할 수 있단 말이오."

"폐하께서는 저의 재능을 보시고 소하와 어느 쪽이 어질다고 생각하시는지요."

"승상이 소하에 미치지 못한 것 같소."

"폐하께서 말씀하신 대로입니다. 생각컨대 선제와 소하가 천하를 평정하고 새로운 법제를 제정하셨습니다. 지금은 법제가 안정되어 있으니 폐하께서는 의관만 정제하시고 팔짱만 끼고 편안하게 앉아 계시기만 하면 폐하를 받들고 있는 저희들에 의해 정해진 법령에 따라 천하는 스스로 다스려지게 되어 있다고 생각합니다."

"됐소, 그대는 좀 쉬는 것이 좋겠소."

조참은 승상이 된지 4년째 되던 해 죽었다. 시호는 의후(懿侯)가 되고 아들 줄이 대신 후(侯)가 되었다.

혜제가 제위에 오른지 6년째 되던 해, 장안성 완공을 축하하는 연회가 열렸다. 이날 연회에는 제후와 왕들이 모두 모였다. 좌승상 장량도 병환을 무릅쓰고 축하연에 참석했다. 여후는 평소 장량의 병을 걱정하여 장량과 친교가 두터운 진평에게 그의 의식을 돌봐주도록 특명을 내렸었다. 그러나 잔병이 많았던 장량은 여후가 보살펴준 보람도 없이 이 축하연이 있은 얼마 후 세상을 뜨고 말았다. 64세의 나이였다.

장량에게는 문성후(文成侯)라는 시호가 내려졌고 아들 불의(不疑)

가 대를 이어 후(侯)가 되었다. 한신이 먼저 죽고 소하, 장량이 뒤따라 세상을 떠남으로써 유방의 3걸 참모 모두가 세상을 연이어 떠난 셈이었다.

장량이 죽은 이듬해 혜제도 세상을 떠났다. 척부인 사건 이후 충격을 받은 혜제는 독한 술로 괴로움을 달래다가 일찍 죽었다. 23세로 BC 188년의 일이었다. 여후는 그후로도 무시무시한 권력을 휘두르다가 8년 후에 세상을 떴다. 여후에게는 역사상 최고의 악녀라는 이름이 따라붙었다.

남자의 건강법

남자의 후반생을 행복으로 이끌어주는 지침서

저자는 일본의 유명 건강 프로그램 진행자이다. 그는 40대 후반에 정력이 감퇴했다는 것을 느끼고 적잖은 충격을 받았다. 당황하여 지푸라기라도 잡는 듯한 심정으로 동서고금의 회춘에 대한 책을 섭렵하기 시작했다. 그후 15년 동안 그 하나하나를 실천, 그 성과를 확인한 뒤에야 확고한 자신감을 가지고 이 책을 썼다고 밝히고 있다.

다치카와 미치오 지음 | 박현석 옮김 | 값 10,000원

용병 2000년의 역사

세상에서 두 번째로 오래된 직업

용병은 고용주에게는 그야말로 쓰고 버리는 소모품에 불과했다. 용병은 고용주를 가리지 않는다. 보수만 준다면 누구라도 좋았다. 보수는 토지도 아니고 명예는 더더욱 아니다. 오로지 현금뿐이다. 그리고 군복무가 끝나면 어제까지 적이었던 편에 서서 싸우는 것도 마다하지 않았다. 그들은 권력을 경멸하기 때문에 그런 권력에 자기 인생을 바치는 충성심 따위는 있을 리 없다.

기쿠치 요시오 지음 | 김숙이 옮김 | 값 12,800원